OHSAMA BUNKO

アドラー流
人をHappyにする話し方

岩井俊憲

三笠書房

はじめに

あの人と「気持ちが通じ合う」
——だから毎日がもっと楽しくなる！

「相手のためを思って言ったのに、かえって気まずくなってしまった」
「職場になんだか苦手な人がいて……」
「つい、遠慮してしまって、自分の気持ちをなかなか口に出せない」……

30年にわたって「アドラー心理学」のカウンセラーをしている私は、日々セミナーや研修、カウンセリングなどで、多くの人の相談を受けていますが、特に増えているのが、こうした人間関係についての悩みです。

最近、アドラー心理学が注目を浴びているのも、この**人間関係の悩みの解決に直接つながるヒントが得られる**からでしょう。

「アドラー心理学」は、オーストリア生まれの心理学者（精神科医）、アルフレッド・アドラー（1870〜1937）が築きました。

アドラーは、欧米ではフロイト、ユングと並び「心理学の三大巨頭」と呼ばれるほどの存在で、『人を動かす』の著者カーネギーなど、自己啓発のメンターたちにさえも大きな影響を与えてきています。

実践を大切にし、すぐに役立つ心理学を目指したアドラーの教えは、とてもシンプルなのに、ものすごいパワーがある。私自身、アドラー心理学によって、人生が大きく開けてきたひとりです。

この本では、アドラー心理学をいちばん簡単かつ効果的に、日常に活かす手段としての「話し方」についてまとめました。

「人も自分もHappyになれる話し方」のコツがわかりやすいよう、さまざまな会話の具体例から紹介しています。実際に起きたケースをもとにしていますので、ちょっとした「ひと言」の違いで、驚くほど相手との関係がより良くなり、気持ち良く心が通い合うことを実感していただけると思います。

また、この本にはもう一つのメリットがあります。それは、**アドラー心理学によって、話す相手だけでなく、自分もどんどん勇気づけられていく**こと。

大丈夫、自信を持ってください。あなたの中には、人をＨａｐｐｙにできる素晴らしい力があるのですから――。

自分の**気持ちがちゃんと伝わるように、「言葉の選び方」を少し変えるだけでいい**のです。

この本があなた自身の力になり、周囲を元気にしていくことを心から祈っています。

もくじ

1章 あなたのその「やさしさ」は、もっとわかってもらえていい

2章 気持ちがしっかり伝わる表現はどっち？

3章

やさしい心の表れ
——「人を勇気づける言葉」の数々

4章 ほら、同じことでも「言い方しだい」でこんなに変わる!

5章 「人も自分もHappyになる」5つの話し方

本文イラスト——高橋カオリ

1章

あなたの
その「やさしさ」は、
もっとわかってもらえていい

ほめたつもりなのに、気分を害されたのはなぜ？
――「やればできるじゃない」……？

相手のことを思って言ったつもりなのにうまく伝わらない、かえって相手の気分を害してしまった……。

私たちは、そんなちょっとした表現の違いで、気持ちが通じ合えたり、逆にすれ違ったりしてしまいます。

ある恋人同士の2人の間でも、こんな会話が交わされました。

孝司：今日、大事なプレゼンがあるって前に言ってたよなー。

美香：うん、言ってたね。それでどうだったの？
孝司：自信がなかったけど、いろいろ工夫をこらして結果オーライってとこ。
美香：なーんだ、心配しちゃった。**やればできるじゃない**。すごいわね。
孝司：「やればできるじゃない」はないよな。それじゃまるで、普段ちゃんとやっていないみたいじゃないか。
美香：ごめんね、そんなつもりじゃなくて……あなたの能力を認めているからこそ言ったのよ。
孝司：そうなのかな……。だけどさー、来週第二次のプレゼンがあるんだ。そのことを考えると、なんだか気分が晴れないよ。
美香：**頑張ってね**。今日うまくいったから、**今度も大丈夫よ**。
孝司：オレの立場をわかってないなあ。「頑張って」なんて軽く言わないでよ。

どうやら美香さんは、孝司さんの期待している言葉をかけることができず、彼の気分を害してしまったようです。
それでは、美香さんが孝司さんに、こう言葉をかけたら、どうだったでしょう。

孝司：今日、大事なプレゼンがあるって前に言ってたよなー。
美香：うん、言ってたね。それでどうだったの？
孝司：自信がなかったけど、いろいろ工夫をこらして結果オーライってとこ。
美香：なーんだ、心配しちゃった。**うまくいったのね。それを知って、私もうれしいわ。どんなふうにうまくいったの？　私、知りたいな。**
孝司：そうだなー、まず誰がプレゼンの対象かハッキリさせて、年長者もかなりいたから、色使いを工夫してあまり刺激的な色を使わなかったのと、結論を最初と最後に2回言うことで趣旨を明確にしたことかな。
美香：そう。ある年齢以上だと、赤とか紫とか、きつい色を見ると疲れるわよね。ところで、**「結論を最初と最後に2回言う」ってどういうこと？**

孝司：画面で示しながら「今日お伝えするポイントは、次の3つです」って先に結論を言って、それからそれぞれの詳細を事例やメリットを加えながら話すの。最後にもう一度「今日お伝えしたかったのは、まとめると何々です」とか、反復すると、効くんだよね。

美香：なるほどね。そうすると記憶に残りやすいよね。孝司は、**ずいぶん工夫したんだね。**

孝司：そうなんだよ。だけどさー、来週第二次のプレゼンがあるんだ。そのことを考えると、なんだか気分が晴れないよ。

美香：**気分が晴れないって、どんなところが心配なの？**

孝司：1回目は、部内の人たちが対象だったけど、今度は役員が混じるんだ。

美香：**ということは、同じ内容で対象を変えてやるってこと？**

孝司：基本的には同じだけど、今度は予算面のことも関わるから、苦手な数字のことも扱わなくてはならないしね。

美香：**そうかー、数字が関係してくるのかー。**

孝司：だけど大丈夫、経理担当の石川が応援してくれそうなんだ。まだ10日間も準備期間があるから心配いらない。美香がしっかり聞いてくれたから、自信が湧《わ》いてきたよ。ありがとう。

2人の会話は楽しく弾み、お互いにモヤモヤした気分を持つこともありませんでした。

*ちょっとした言葉の違いでHappyに！

ここでの例は、あくまで仮定なので、その通りに進まないかもしれません。でも、私たちの**日常の会話の中で、ちょっと声のかけ方に気を配ってあげることで、相手との関係は、見違えるほど良くなる**ことがあるのです。

2つの会話の違いは、次の通りです。

初めの例では、まず、美香さんは「やればできるじゃない」と言っています。この表現は、孝司さんが「普段ちゃんとやっていないみたいじゃないか」とふてくされて言っているように、孝司さんを勇気づける言葉にはなりません。

私たちは、子どもの試験結果が良かったときや、スポーツである成果を達成したときに「やればできる」と言うことがあります。

しかし、**「やればできる」の「やれば」という言葉の背後に、「普段はやっていないけれど、やってみれば」というメッセージが隠されています。**

言われる側の立場からすると、「できる」という部分が印象に残る人もいれば、「やれば」の響きが伝わる人もいます。後者の場合はバカにされた、批判された、と思う場合もあります。

また、「やればできる」という言葉から、上長者による、ある種の評価を与えられた気持ちになることもあります。

第2のポイントは、「頑張ってね」という美香さんの言葉は、プレッシャーになったり、抽象的なメッセージになったりすることがある点です。

スポーツ選手でも「頑張ってください」という言葉を毛嫌いしている人がいます。記者がインタビューの最後に「頑張ってください」と言うのに対して、「自分は十分頑張っていたのに、これ以上どう頑張ったらいいのだ」という気持ちを抱くことが多いようです。

「頑張ったね」と言われるなら、自分が努力したことを認められた印象が残るのに対して、「頑張ってください」と言われると、今までの努力や成果を認めず、これから先のことについて圧力を加えられる気分になります。

「頑張る」という字は、「頑」と「張る」から成り立っています。

「頑」という漢字は、「頑固」「頑迷」というように「かたくな」であり、融通がきかず柔軟さを欠いた意味合いを持ちます。

それに「張る」は引っ張ることですから、「我を張ったまま今の状態を押し通す」ことと同じ意味になります。

「頑張って」という抽象的かつ根性論の言葉を使うくらいならば、「何を、いつまでに、どうして」という具体的な表現のほうがすっきりします。

状況がそぐわないならば、せめて「頑張りましたね」と努力を認めた表現のほうがまだ「マシ」です。

第3のポイントは、「今度も大丈夫よ」と美香さんが孝司さんに言っている点です。

この言い方は、**安心感を与えるつもりでも、相手に伝わるメッセージは慰めにすぎません。**

どこが、なぜ、どのように大丈夫かを明らかにせず、話題をとにかく終わらせてしまおうとする意思が伝わります。

逆にあとの例では、美香さんは、孝司さんの行動に関心を持って、励ますこともプレッシャーを与えることもなく、孝司さんが自分で自信が持てるように対応しました。理解しにくい点は、わかったふりをせず、尋ねました。

結果として孝司さんは、不安を抱いていた件について、自分で見通しを立てられました。

つまり、美香さんは孝司さんの明日の意欲を生むための手助けができたのです。

"ワンパターンの言葉"がログセになっていると……
――「ステキですね」……？

こちらは「ほめる」つもりで言ったはずなのに、なぜか逆に相手を怒らせてしまった……。こんな経験をした方もいると思います。

次の男女の会話で具体的に見てみましょう。

菜穂子：そういえば、この間、初めてスキューバダイビングしたの。サンゴがとてもキレイで……。

敬一：**ステキな体験**をしたね。

菜穂子：（いつものことだけど、敬一さんは照れずに「ステキ」と言うのね。海外で育ったせいなのかな）さっきの映画、ラストのセリフが良かったね。2人で雪の中を歩いて行くシーンの……。

敬　一：うん、**ステキな映画**だったね。

菜穂子：（感想はそれだけ？）うちは実家が雪国だから、よく小さな頃は家族でスキーに行ったのよ。

敬　一：それは**ステキな家族**だね。

菜穂子：（またステキ？）私の家族に会ったこと、ありましたっけ！

菜穂子さんにしてみれば、敬一さんがきちんと内容を把握したうえで感動を込めて「ステキな家族ですね」と言ってくれれば、「理解された」と思ったのでしょう。

でも、少しばかり知ったところで言われたから、なんだか表面的に言われたようで、今まで自分が「素晴らしい」「ステキ」と言われてきたことも、すべて白々しい感じになってしまいました。

なんだか立場が上の、偉い人から評価されたような印象が強く残るのです。

この敬一さんのように、「素晴らしい」とか「ステキ」をよく使う人はかなりいます。

立場が上の人から言われると、それなりにうれしく思うことがありますが、デートの相手や、会社の同僚であったりすると、「あんた、自分を何様だと思っているの！」と思いたくもなります。

ある状況での**自分の行動をしっかりと把握してもらったうえで、その行動を勇気づけられると、相手を信頼できますが、見境なく「素晴らしい」「ステキ」を連発されると、逆に不信感を持つ**ようになるのです。

こんな慰めは相手を傷つけてしまう
——「大丈夫、きっと良くなる」……？

次のケースは、不安になっている友人を励ますつもりで言った言葉が、かえって相手を傷つけてしまった例です。

美知子：実は……父の胃にポリープが見つかって、医師からは、手術をしないと良性か悪性かわからないと言われたの。
雅　子：どうするの？　お父様の手術はするんでしょう？　ポリープがガンであるとは限らないものね。**大丈夫よ、きっと！**

美知子：でも、医師は、可能性はフィフティ・フィフティだって。ということは、50％はガンの可能性ということじゃない。

雅　子：受けとめ方によっては、50％はガンじゃないということよね。**きっと大丈夫！　良くなるわ。**

美知子：そう思えればいいんだけれど……。

（手術後、ガンが判明し、ショックを受けた美知子は雅子に電話をかける）

美知子：父ね、やっぱりガンだったの……。胃を3分の2も切って、他にも転移の疑いがあるんだって……。

雅　子：そうなの、でも命に別状はなかったんでしょ？　**大丈夫よ！**　最近の医学は進んでいるから心配ないわよ。**きっと良くなるって！**

美知子さんは、雅子さんに電話をしなければ良かった、とこのとき思ったそうです。

雅子さんの「大丈夫、きっと良くなる」は、口グセかもしれませんが、相手には無神経に聞こえる可能性も大きいのです。「あなたは、私の気持ちなんかちっともわかってくれない」と、思わず電話を切りたくなってしまう気持ちもわかります。

雅子さんの「大丈夫、きっと良くなる」は、TPOをわきまえれば、威力を発揮するかもしれません。

しかし、父親の手術後に落ち込んでいる美知子さんには、あまり共感してもらった気がせず、無神経に響いたようです。

美知子さんが求めていたものは、「大丈夫、きっと良くなる」という気休めの言葉でなく、**ひたすら苦しい自分の心境を少しばかり理解し、話をしっかりと聞いてくれる**だけのことなのかもしれません。

「大丈夫、きっと良くなる」の言葉は、自分が自分に言っているうち、あるいは、自分で状況を打開できる余地があるときはいいのです。

でも、自分で状況を打開できないときは、効果的ではないようです。

感謝の気持ちも表現しだい
――「すみません」……？

次のケースでご紹介する麻美さんは、風邪で3日間も寝込んでしまい、その間、お姑さんに、家事や夫の達也さんと子どもの世話など、手伝いに来てもらいました。

麻美：もう大丈夫、すっかり迷惑をかけてしまって**ごめんなさい**。特にお義母さんには、**申し訳ない**気持ちでいっぱいなの。
達也：オフクロは、あれで満足そうだったよ。息抜きになってたし、孫を独占できたし。君はさかんに申し訳なさそうにするけど、感謝の気持ちはどうなの？
麻美：そりゃ、ありがたいわ。あなたやお義母さんがいないと、どうにもならなかったから。ホント助かった。感謝の気持ちでいっぱいよ。
達也：だったら、「すみません」って言うのもいいけど、「ありがとう」のほうが、相手にうれしい気持ちが伝わるんじゃないかな？

たしかに感謝の気持ちは、「すみません」「申し訳ありません」という言葉からは伝わりません。

これらの言葉は、英語で表現すると、「エクスキューズ・ミー」や「アイ・アム・ソーリー」で、釈明したり詫《わ》びたりする意味を持ちます。

私たちは、誰かから貢献や協力をしてもらったとき、つい「すみません」「申し訳ありません」と言ってしまいます。

「サンキュー」に相当する「ありがとう」「助かった」を、もっともっと言ってもいいのではないでしょうか。

以上のように、相手への勇気づけになるか、ならないのかの4つのケースをご紹介しました。

相手を励ますために、いい感情にしたり、またはイヤな感情にさせないために伝える言葉が、効果的かどうかの参考になったかと思います。

この本では、人も自分もＨａｐｐｙになるために、「勇気づけ」をテーマにしています。

相手を勇気づけるためには、「やればできるじゃない」「頑張ってね」「素晴らしい」「ステキ」という、ほめる言葉を使えばいいわけではありません。

「大丈夫、きっと良くなる」という気休めの言葉でもなく、「すみません」「申し訳ありません」という詫びる言葉を使うのでもないことを、ご理解いただけたことと思います。

〝好かれたい〟だけではうまくいかない
——「嫌いなことは『嫌い』って言っていい？」……？

相手を勇気づけるには、**言葉だけでなく、「関係」も重要な意味を持っています。**

ここでは、祐美子さんと弘毅さんという、共働きの新婚夫婦の関係をご紹介しましょう。

祐美子さんにとっての理想の結婚とは、夫婦が対等の、語り合いの多いパートナーであることでした。

ところが現実は、弘毅さんに好かれようと一所懸命であればあるほど、自分の置かれた立場がみじめに見えてしまう結婚生活で、「果たしてこれで良かったのか?」と思えてならないのだそうです。

たとえば、祐美子さんは、弘毅さんの大好物の餃子が好きではありませんでしたが、夫のために、仕事を終えた平日の夕食でも、わざわざ手づくりをしていました。

交際中も、餃子の店よりは和風の店のほうがずっと居心地が良かったのに、弘毅さんに喜んでもらえると思って、自分も餃子が好きであるかのように振る舞っていたのです。弘毅さんは、そんなことには何も気づかず、祐美子さんがつくった餃子に「焼き具合が足りない」「具材の量が違う」など、勝手なことを言います。

他にも、些細《ささい》なことですが、テレビ番組の選択も弘毅さんを優先。

祐美子さんは家事をすべて引き受け、仕事との両立を頑張っていたのですが、マイペースに振る舞う弘毅さんとの結婚生活に、しだいに疑問を感じるようになってきたのです。

祐美子さんから電話で相談を受けた彼女の友人は、「何よ、そんな横暴な夫とは別れてしまいなさいよ」と思わず助言したということです。

つまり、祐美子さんは、夫の弘毅さんを喜ばそうと、結果として下手《したて》に出ることばかりし、自分を苦しめつつ、自ら対等のパートナーにとてもなりえない夫婦関係を築いてしまっていました。

対等の夫婦関係を築くためには、夫の側だけに変わることを求めてもムダです。妻の祐美子さんが相手に気に入られるために自分を抑え、自分の主張をしない、**「いい子」でいること自体が2人の窮屈な関係を築き、維持してしまっているの**です。

祐美子さんは弘毅さんに対して、自分の思いを伝えたり、自分の主張を通すことは相手の気に入らない行動、相手を傷つける行動のように信じ込んでいます。自分が我慢しさえすれば、その場が丸くおさまると、それまでの習性で思い込んでいるのです。

しかし、「いい子」を積み重ねていると、その場その時では相手との摩擦が避けられますが、長期的な人間関係では、破綻をきたすことがあります。

また、2人の関係をよく知らない外部の人には、相手（この場合では弘毅さん）がまるで思いやりのひとかけらもない専制君主のように見えます。

そうして「いい子」だったはずが「かわいそうな子」になってしまい、「かわいそうな子」であること自体を自分の慰めとするのです。

なんだか自分の首を自分で締めているようで、苦しい生き方ですよね。

その後、祐美子さんは今までのパターンを変えようと強く決心し、日曜日の朝、弘毅さんに**自分の正直な気持ちを伝える**ようにしました。

祐美子：30分ほど話していいかな?
弘　毅：なんだよ、急にあらたまって。別に30分と限定しなくてもいいよ。

祐美子：そう言ってもらえると助かる。私たち、結婚して8カ月よね。お互いの関係を、より良くしたいと思っているの。
弘　毅：「より良くしたい」って、悪いのか、オレたち？
祐美子：悪くはないけど、私にしたら苦しいところがあるの。
弘　毅：へー、苦しい。知らなかったけど、どんなとこ？
祐美子：驚かないでね。私、餃子が嫌いなの。
弘　毅：驚かすなよ！　あんなにいろいろなお店に行ったし、自分でもつくるようになったし、好物じゃなかったのか？　だけど、それと結婚生活がどうのこうのとは、どんな関係？
祐美子：他のことでもそうなんだけど、あなたに無理して合わせようとしすぎて、息苦しくなっていたの。
弘　毅：そうだよな。かなり自分で背負い込むところあるよな。オレのオフクロの入院のときも「オレの親だからオレがやる」って言っているのに、自分で引き受けちゃったよね。あんなの見ていると、なんでも自分でやりたいのかと思ってた。

祐美子：そうよねー。会社でも「やりすぎ」って言われるの。そのうちみんなにあてにされちゃって。

弘　毅：しんどいよな、そんなの。

祐美子：でしょー。だから少し手抜きしてもいいかな？　それに、**嫌いなことは、はっきり「嫌い」って言っていい？**

弘　毅：あたりまえじゃないか。嫌いなことを「好き」だって言うのは、自分をあざむくことになるんだよ。

祐美子：それじゃ、餃子をつくる回数も減らしてもいい？

弘　毅：別につくらなくても大丈夫だよ。外で食べる餃子にはそれなりの味わいがあるし、時々お昼や飲み会で食べることにするよ。でも、年に数回はつくってくれればありがたいかな。

祐美子：そうだよね。今までの私って、なんかバカみたい。気張りすぎちゃって。考えてみると、あなたに好かれたい気持ちが強くて、そうしていたみたい。
弘　毅：心配すんなよ。気張ったり、無理したりしなくても十分好きだから。

「いい子」であることは、自分自身には「かわいそうな子」であるのですが、相手や周囲の人の印象は、「（頼みもしないのに）勝手に引き受けている子」なのかもしれません。

そんな人が思い切って相手に対面してみると、相手の反応が予想していたことと大きく違うことがあります。

そこで**思い切って自分の主張も上手に相手に伝えることで、相手との関係が変わる**のです。「案ずるより産むが易《やす》し」なのです。

あなたの「気持ち」がちゃんと〝伝わる〟話し方

——相手をほめることとは違う

この章では、5つのケースを取り上げました。

最初の3つのケースでは、「ほめる」や「慰める」ことは「勇気づける」こととは違うこと、4番目のお姑さんに手伝いを頼んだケースでは、「詫びる」くらいならば「感謝する」ことをおすすめしました。

5番目のケースで、夫のために無理をしていた妻は、「いい子」を演じて相手をいい気持ちにさせることが、自分を苦しめることはあっても、相手を勇気づけられていないことをお伝えしたつもりです。

相手も自分も勇気づけられれば、やさしくなれる、お互いにHappyになれるようになります。

しかし何が「勇気づけ」でしょうか？　勇気づけは、相手とどのような関係になることなのでしょうか？　また、どうすれば自分自身と相手を勇気づけできるのでしょうか？

実は、そのことがこの本のテーマです。

本当のやさしさの表現である「勇気づけ」の具体的な方法は、これからお話ししていくとして、勇気づけがどういう意味を持つのか、勇気づけの人間関係がどういうものか、２つの点をまとめておきます。

・勇気づけは、困難を克服する活力を与えること

・勇気づけの人間関係は、相手との対等な関係を築くこと

勇気づけは、相手をほめることでも、いい気持ちにさせることでもありません。その人が困難に直面したとしても、自分の課題として克服できるような活力を与えることです。

勇気づけの人間関係は、相手の上に立つ支配的な関係を築くことでもなく、相手の下に立つ服従的な関係に入るのでもなく、対等の関係を維持することなのです。

では、どうすれば、勇気づけをすることができるのでしょうか？　相手にどう言えばいいのでしょうか？

そこで、次の章では具体的にさまざまな例を挙げて、「勇気づける人」と「勇気をくじく人」の対応の違いを紹介します。

Column

「笑顔」にあるすごい力

笑いは、周囲を明るくするだけでなく、自分を楽観的にさせ、自分自身を癒やす力にもなります。

つらいときに深刻になると、そのことにますます執着し、つらい出来事がずっしりと自分にのしかかってきます。

つらいときに笑えると、つらい出来事に変わりがなくとも、その重荷が軽く感じられ、重荷を負っている自分自身を強くしてくれますし、こだわりがなくなります。

笑いには、「自己受容力」とともに「自己治癒力」があります。

笑いによって血糖値が下がることも証明されています。その他、医学的な効用がたくさん伝えられています。

つらい出来事をなくすことはできませんが、そのことにダメージを受けずに、つらいにもかかわらず笑う能力が、私たちに備わっています。

つらいときも、悲しいときも、自分自身の愚かさを感じているときも、笑おうではありませんか。

2章

気持ちが しっかり伝わる 表現はどっち？

こんなとき、どう言えばいい？

私たちは「気持ち」があっても、残念ながら、それがそのまま相手に伝わるとはかぎりません。

1章でお話しした5つのケースも、言われてみれば、もっと気持ちが伝わる言い方があるとわかるのですが、コツをつかめないとなかなか難しいですよね。

ちょっとした言葉の選び方ひとつで、相手が受ける印象は大きく変わってきます。

この本を手に取ってくださったあなたは、いつも「やさしい気持ち」で人に接したいと考えているでしょう。

でも、「励ましたい」「元気になってもらいたい」「喜んでもらいたい」など、**相手のためを思って言っているのに、なぜかうまくいかないときが意外と多い**のかもしれません。

その「本当のやさしさ」がちゃんと伝わるためには、どのような表現がいいのか――この章では、「こんなとき、どう言えばいい？」と、よくありがちな10のシーンについて、具体的な話し方をご紹介します。

相手を「勇気づけられる人」、反対に「勇気をくじく人」、その違いはどこにあるのでしょうか？

さっそく見てみましょう。

シーン1

疲れた顔をしている友人に……

大学時代の友人で、資格取得のため、仕事のあとに専門学校へ行く生活を続けているS子。久々に会ったら、化粧のノリも悪く、疲れた顔をしている。それを見たあなたは……

資格取れるまで、泣き言どころじゃないでしょ。仕事も学校も、両立するのは覚悟の上だったでしょ！

勇気をくじいてしまいました……

少し疲れている感じだけど、
仕事のあとに学校に行っているのが
影響しているのかな？
あなた、頑張り屋だからね。
もし助けになることがあれば、
なんでも応援するよ。
遠慮なく言ってね。
ところで、今日くらいは息抜きしようか？

勇気づけてあげられました！

シーン2

ちょっとおしゃれをしてきた同僚に……

いつもは冴《さ》えない同僚が、こざっぱりとしたスーツ・髪型で出社してきた。
それに気づいてあなたは……

どうしたの、
今日はそんな格好しちゃって！
デート？　勝負の日？

勇気をくじいてしまいました……

おや、爽快《そうかい》な感じがするな――！
似合っているよ。
さまになっているじゃないか！

勇気づけてあげられました！

シーン3

テニスの試合に負けた友人に……

大学のテニスサークルで4年間頑張ってきたA子とあなた。
引退をひかえた大事な試合、2回戦で僅差《きんさ》で負けて、泣きくずれているA子に、あなたは……

優勝できると思ったのに、
この4年間が残念な結果に
なっちゃったね。

勇気をくじいてしまいました……

残念だったね。
それでも、1回戦を勝ち抜いて、2回戦に進み、
それも僅差まで追い上げたのは見事だったわ。
長いテニス人生、本当にお疲れさま！

勇気づけてあげられました！

シーン4

恋人にフラれてしまった仲間に……

高校時代からの仲間のJと珍しく2人で飲みに行ったら、なにやら深酒っぽい。よくよく話を聞いてみたら、3年つきあった彼女につい最近フラれたという。あなたは……

今度は大丈夫だと思ってたのに、
またフラれたのか?
オマエ、嫌がられるようなこと
してるんじゃない?
前の彼女は3カ月だったじゃん。

勇気をくじいてしまいました……

がっかりだね、３年もつきあったのに。
今日の飲み会は、「残念会」にする？
それとも「再出発の会」にする？

勇気づけてあげられました！

シーン5

就職活動中の友人に……

就職活動中の友人が、内定の電話を待ってソワソワしている。が、なかなか連絡が来ないようで、たびたび携帯メールが入る。一足先に社会人になっているあなたは……

やっぱりダメみたいね。
レベル高い会社だったからね。
(失望感を与える)

勇気をくじいてしまいました……

不安よね、こんなときは。

（できるだけ、そっとしてあげる）

勇気づけてあげられました！

シーン6

上司に叱られた同僚に……

同僚のF君は入社4年目だが、仕事上、初歩的なミスを犯すことが多く、部署内でも問題視されている。今回は取引先に提出する書類の誤字で部長にこっぴどく叱られた。席にすごすご戻ってくるF君にあなたは……

またやっちゃったのか——。
君は、オッチョコチョイだからな。

勇気をくじいてしまいました……

だいぶしょげてるみたいだね。
部長の叱責は期待の裏返しだと思うけど、
君自身はどう思う？

勇気づけてあげられました！

シーン7

クレーム対応でぐったりしている同僚に……

大企業のコールセンターで、「お問い合わせ窓口」担当として1年ちょっと働いている。困った客からのクレーム対応のあとにぐったりしている同僚に、あなたは……

そんなことくらいで、
音《ね》をあげないの！
私なんか、もっとひどい
電話受けてんだから。

勇気をくじいてしまいました……

あなたは、いつも丁寧に対応するからね。
さっきの電話は、
特に誠意を持って対応していたから、
余計に疲れたのかな。
でも、側にいて感心していたのよ。

勇気づけてあげられました！

シーン8

遅刻しがちな部下に……

フランチャイズの飲食店の店長を任されている。店長といっても社員はひとりで、あとはパートさんばかり。朝、出勤時間に遅れることがあるパートさんに注意したら、複雑な家庭の事情があるようだ。あなたは……

事情はどうあれ、会社として
遅刻は許されないんですよ。
しっかり頑張ってください。

勇気をくじいてしまいました……

家庭の事情があるようですが、
私か誰かが話を聴くことで、
少しは力になれるでしょうか？
最近のあなたを見ていると、
ちょっと心配なんですよ。

勇気づけてあげられました！

シーン9

転職していくライバルに……

社内で営業の1、2位を競っていたライバルのYがスカウトされ、転職することになった。いよいよ会社をあとにするとき、あなたは……

ま、道は違うけど、
これからもよろしく、
ということかな？
（嫉妬が混じりながら）

勇気をくじいてしまいました……

おめでとう！
君のチャレンジ精神にエールを贈りたい。
と同時に、
君の存在が僕の努力の源であっただけに、
張り合いをなくしてしまいそうで
寂しいよ。

勇気づけてあげられました！

シーン10

月曜の朝、なかなか起きてこない夫に……

3年前に結婚し、互いに夜遅くまで仕事をしている共働き夫婦。
月曜の朝は、朝礼のため早く出勤しなければならないのに、夫は体調が悪いだ眠いだ、とベッドでグズグズしている。あなたは……

いつまでグズグズしているの！
気合い入れて、気合い！
「病は気から」って
よく言うでしょう。
ほら起きて！

勇気をくじいてしまいました……

どうかしたの？
体調悪そうね。
このところ少し働きすぎだから、
たまには養生も大事かな。

勇気づけてあげられました！

「勇気をくじく」話し方、「勇気づける」話し方の違いは、いかがでしたか?

後者の話し方は、「勇気づけ」の特徴(42ページ参照)を実現し、周囲とHappyな関係を築いていくことができます。

・勇気づけは、困難を克服する活力を与えること
・勇気づけの人間関係は、相手との対等な関係を築くこと

実は、〝相手に〟このような「勇気づけ」ができる人には、ある特徴があります。

それは、〝自分に〟勇気づけできていること。**自分に対してプラスを働きかけられる人**なのです。

次の章では、自分で自分を勇気づけるコツについて、お話ししていきましょう。

Column

「プラス」になる失敗と「マイナス」で終わる失敗

失敗の経験をしたとき、勇気のない人は、失敗した自分と、失敗に関与した他者を責め、揚げ句の果てに底なし沼に陥り、恨みの人生を送ることもありえます。

しかし、勇気のある人は、失敗したことで一時的に落ち込みますが、どこかで歯止めがきき、失敗から教訓を引き出し、同じ失敗を繰り返さないよう努力します。

失敗という体験は、肯定的に見るならば、2つの意味があります。

第一は、チャレンジの証です。

チャレンジしたからこそ、結果として失敗になってしまったのです。時計の振り子が反対側に行っていたら成功だったのです。失敗の記録は、あなたが大きな目標を持ち、積極的に取り組んだことのドキュメンタリーのようなものです。

第二は、学習のチャンス、それこそレッスンです。場合によっては、高い授業料を払わざるを得なかったようなことがあったかもしれません。が、「あの失敗の体験があったからこそ現在の自分がいる」と思えるようなことは、あなたにもいくつかありませんか?

失敗は、たくさんの教訓を残してくれています。

失敗の体験を持っている人は、価値のある品物で満ちた宝庫を持っているようなものなのです。

3章

やさしい心の表れ
——「人を勇気づける言葉」の数々

「喜ばせる」だけでいいのですか？

1章で見た、「ステキですね」を繰り返す彼や、無理して夫に合わせようとする妻のような人を、**アドラー心理学ではプリーザー（喜ばせ屋）**と言います。

彼らは、「他者から好かれたい、嫌われたくない」という思いを持っていて、時として「好かれるためにはどんなことでもしよう」とする人です。

そのことで、**他者に対して「ノー」と言えず、周囲からの評価で自分の価値を決めがち**で、意中の人が不機嫌だとすると自分に問題があるのかと思い、機嫌がいいと「良かった」と喜ぶ傾向があります。

プリーザーの好ましい側面は、周囲に対してかわいらしい（あるいは愛すべき人という）印象を与え、特定の人の関心や信頼を得るために最大限の努力を払おうとするところです。

しかし、反面、頼まれたことに「ノー」と言えなかったり、周囲から期待していたほどの評価を得られなかったりすると、落ち込んでしまうことがあります。

今のあなたはどうでしょうか？

76・77ページの自己診断テストを試してみましょう。

①〜⑩の設問について「かなりある」「ややある」「ない」のいずれかに○をつけてください。
次に、それぞれ○をつけた点数の合計を出してください。

	かなりある	ややある	ない
⑦ 本来自分の責任でもないことを自分の責任のように感じて、責任を果たせないときに不安や罪悪感を抱くことがある	2	1	0
⑧ 責任を過度に引き受ける結果、関係する人に「あたりまえ」に思わせたり、依存的にさせたりしてしまうことがある	2	1	0
⑨ 相手が気に入ってくれているうちはいいが、気に入らないような態度が見えてくると、自分を責め、それが高じると、相手を極端に非難・攻撃することがある	2	1	0
⑩ ある人をうれしがらせる言動をしていたのに、同じことを他の人にしたことで、「信用できない」「八方美人」と受けとめられたことがある	2	1	0
小計			

合計点数　　　点

「プリーザー（喜ばせ屋）」度 自己診断テスト

	かなりある	ややある	ない
①「好かれたい」「嫌われたくない」という思いで行動する	2	1	0
② 相手の顔色を読むこと、状況を過敏に配慮して行動する傾向が強い	2	1	0
③ 相手や周囲の賞賛・賛辞が、何よりの報酬である	2	1	0
④ 求めているのは、心理的な平和と静寂で、波風を立てることを極端に嫌う	2	1	0
⑤ 批判や拒否には過度に敏感で、批判されたり拒否されたりすると、自分の存在を否定されたかのように感じる	2	1	0
⑥ 相手に「ノー」を言うことができずに、したくもない仕事を引き受けてしまい、後悔することがある	2	1	0

結果はいかがでしたか？

10の設問に対し、計算された合計点数によるあなたのプリーザー度は、次の通りです。

●合計点数が14点以上の場合

あなたは「かなりのプリーザー」です。相手に好かれようと無理を重ねて、自分がかなり苦しくなることはありませんか？ この本をしっかり読みこなして、日常生活に適用すると、もっとラクな生き方ができるようになります。

●合計点数が8～13点の場合

ほんの少し、プリーザーの傾向があります。自分にもっと自信を持って行動し、「ノー」をもっとはっきり言ってもいいのですよ。

●合計点数が7点以下の場合

プリーザーの心配はありません。今のままの対人関係を取ってください。

合計点数が14点以上あっても、落ち込むことはありません。この本を読んで、日常生活であなたなりに実践されれば、プリーザー度が緩和されるか、プリーザーを卒業することが可能です。

プリーザーは、周囲の人たちに気分の良さを提供しますが、彼らに嫌われるか、拒否されることをかなり恐れ、自分が受け入れられているのかどうか不安に思うことが多くあります。

「他者から好かれたい、嫌われたくない」という思いの根底には、自分で自分を受け入れられない、自分で自分を勇気づけできない、否定的な側面があることを知っておきたいものです。

「みんなに好かれたい」は幻想、「みんなに嫌われている」は妄想

私たちは誰しも、「みんなに好かれたい」とつい思いがちです。
しかし、みんなに好かれることは、現実には不可能です。

自分の周囲に10人いて、あなたが10人全員を好きでないのと同様に、あなたに対してもその10人すべてが好意を抱いてくれるはずがありません。

「みんなに好かれたい」という思いがあると、反動からか「みんなに嫌われている」という思いを持ってしまう傾向にあります。「みんなに嫌われている」というのは、現実にはありえない話です。

みんなに嫌われた人は歴史上存在しないし、みんなに好かれた人も同様に存在しません。

このことと関連づければ、みんなに好かれたいと思うのは、幻想にすぎないし、みんなに嫌われていると思うのは、妄想にすぎない、とも言えます。

さらに、人は、あなたが気にしているほどあなたに関心がありません。みんな自分のことで精いっぱいなのです。

これが人間関係の大法則です。

また、好意を持つことで相手と〝波長〟が合う状態を「相性」と考えた場合、それには、次のような3つの法則があります。

これを「相性の法則」と呼んでおきましょう。

①2対7対1か、2対6対2の割合で、相性が「良い」「普通」「悪い」の分布がある
②あなたの周囲の人たちも、あなたに対して同じ分布で受け止めている
③あなたが相性が良いか悪いと思っている人たちは、あなたに対しても同じように受け止めている

あなたの周囲に10人いるとすれば、そのうち2人ほどはあなたと相性の良い人がいるのですが、必ず1人か2人は相性が悪い人がいるのです。

人によっては両端の数がもっと多い場合もありますが、いずれにしろ相性の良い人だけが周囲にいることもなければ、相性の悪い人たちに完璧に囲まれていることもありません。

たとえば、あなたの周囲に10人いると……
——アドラー流“相性の考え方”

・10人のうち、2人はあなたとの相性が「良い」
・7人（6人）はあなたとの相性が「普通」
・1人（2人）はあなたとの相性が「悪い」

「自分を勇気づけできている人」が持つ〝10の力〟

この章の初めで「他者から好かれたい、嫌われたくない」という思いの根底には、「自分で自分を受け入れられない」「自分で自分を勇気づけできない」という否定的な側面があることをお伝えしていました。

言い換えれば、自分を受け入れていて、自分自身を勇気づけていれば、心にもないことを言って相手を喜ばす必要がありません。

自分が引き受けたくないことに「ノー」と言えるはずですし、そもそも周囲からの評価で自分の価値を決めるのではなく、**自分の価値は自分で決める**ことができます。

プリーザーを含む、「自分を『勇気づけ』できない人」には、86・87ページで紹介する10の特徴があります。

これに対して、「自分を『勇気づけ』できている人」は、まったく正反対の10の力を備えています（88・89ページ参照）。

この本では、いかにして自分自身を勇気づけることができるか、その具体的なノウハウを取得する方法を身につけ、さらに他者を受け入れ、積極的に勇気づけできるようになる方法を学びます。

6 自分の未来に対して
悲観的な見通ししか立てられない

7 自分のことにしか関心が持てない

8 他者の欠点に対して
極端に攻撃的になりがち

9 他者と必要以上に張り合うかと思えば、
勝てそうもない分野では逃げの姿勢に入る

10 他者に対しては、
非主張的か攻撃的になりがち

自分を「勇気づけ」できない人

1 自分自身の欠点ばかり見つけ出し、
そのことでさらに
自分を落ち込ませている

2 自分の過去から現在に至る障害を
いつまでも心の傷として
抱え続けている

3 失敗を致命的なものとして恐れていて、
ほんの数度の失敗にわだかまりを持ち、
失敗するようなことを
二度としないようにしている

4 落ち込むようなことがあると、
底なし沼まで達してしまい、
自力では這い上がれなくなる

5 ピンチに出合うと、
逃げ道を探すか、誰かに依存的になる

6 自分の未来に楽観的でいられる《楽観力》

7 他者の関心にも配慮できる《共感力》

8 他者の欠点にも寛容でいられる《寛容力》

9 他者とむやみに競争することなく、
協力的な態度が取れる《協力力》

10 他者に上手に
自己主張できるようになる《主張力》

自分を「勇気づけ」できている人

1 欠点がある自分でも
受け入れられるようになる《受容力》

2 自分の過去に障害があった（現在もある）
としても、そのことを傷ではなく財産と
みなすことができる《（価値）転換力》

3 失敗を学習の材料にできる《教訓力》

4 落ち込むようなことがあるとしても、
ある段階で歯止めをかけ、
復元させることができる《復元力》

5 直面するピンチをチャンスに
変えることができる《（状況）転換力》

あなたに「自分を『勇気づけ』できない人」の10の特徴のいくつかが今あるとしても、この本をお読みになるからには、なんとかしてポジティブになろうと思っていらっしゃると推察します。ご安心ください。

本書を読み進むにつれてポジティブになれ、「自分を『勇気づけ』できている人」の10の力がだんだんと備わってきます。

もうおわかりでしょう。もしあなたがポジティブに、幸せになりたいならば、いっぺんには無理だとしても、10の力を常に意識し、可能なところから一つずつ心がけ、実践に移していきましょう。

それは実は劣等感から？

自分を勇気づけたい、受け入れたい、と願い、努力を重ねる人がいる一方で、「自分はこれでいいんだ。別に問題だとは思わない」という態度の人もいます。

特にこういうタイプの人は、他人を見下す傾向があることが指摘されています。自分に甘いくせに他人に厳しく、何かあるとすぐキレるのです。

また、自分に非があるとしても、弁解をすることがあっても謝りません。大きなことを言うわりには実際に行動することがありません。たまに何か行動を起こして失敗すると、ひどく落ち込みます。

あなたも、そう考えがちなときがありませんか。

そう思うときのあなたや彼らは、自分をしっかりと見つめ、〝欠点つきの自分〟を受け入れられてはいません。

自分の長所・短所と直面することもなく、そうしてしまうとボロボロになってしまうのを恐れて、とりあえず自分を肯定し、その反動で周囲の人を悪く言っているのです。

こうした心の底には、根深い「劣等感」が潜んでいるのですが、その事実を見ることを恐れ、勇気を持てません。

欠点つきの自分を受け入れることができず、慢心（うぬぼれ）として表れるのです。

そのタイプとは逆に、自分に劣等感があることを認め、欠点つきの自分を受け入れられている人には、反対の特徴があります（94・95ページ参照）。

欠点もある自分をしっかりした根拠をもとに受け入れられている人は、他者の関心にも配慮ができ、相手に対して協力的な態度で接し、自分に対して肯定的であると同時に、相手に対しても肯定的なのです。

目をつぶっている人

- 根拠もなく自分を肯定
- 自分の欠点を見ようとしない
- 実は勇気のない人
- "I am OK. You are not OK"の態度
- 対人関係が競争的あるいは回避的
- 自分にしか関心がない(独善的)

→ 慢心(うぬぼれ)に見える

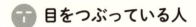

自分の「劣等感」について——

認めている人

- しっかりした根拠をもとに自分を受容
- 自分の欠点もありのままに認める
- 勇気のある人
- “I am OK. You are OK ”の態度
- 対人関係が協力的
- 他者の関心にも配慮する（共感的）

➡ 自分を受け入れられている状態

なぜ「自分を好き」になれないのか

自分を受け入れ、自分に対しても他者に対してもポジティブでいるほうがラクなはずなのに、どうして自分を嫌い続ける人が多いのでしょうか？

ネガティブでいることがつらいと思えるのに、どうしてその状況から抜け出そうとしないのでしょうか？

私は、その理由は、次の2つにあると思っています。

①　自分を勇気づけるニーズ（必要性）がない
②　自分を勇気づけるスキル（技術）を持っていない

①については、周囲の人が心配していたり、自分で時々グチをこぼしたりするわりには、自分自身で真剣に立ち向かうことをしていないため、自分を嫌っていても、困っていないのかもしれません。

逆の言い方をすれば、ネガティブでいることが心地良いのかもしれません。

たとえば「ダイエットしたい」と言い、周囲からもダイエットをしたほうが良いとすすめられて、各種のダイエット法に取り組みながらも途中で断念する人がいます。

本人も太り気味であることについて友人に悩みを相談し、誰かのすすめによって勢いよく計画をスタートさせたはずなのに、ある段階になると、「健康に良くない」とか「リバウンドが怖い」という口実で元の状態に戻ってしまうのです。

なぜでしょう。

実は、このような**心理の奥底には、「コンフォート（快適）ゾーン」というものがあります。**ダイエットのことを幾度も口にしながら、現状の太り気味であることを快適に思っていることがあるのです。

一部の読者には信じられないかもしれませんが、困りながらも根本的に取り組まない根底には、この状態を心地良いと受けとめる心理があるのです。

友人から「ちょっと、あなた食べすぎ（飲みすぎ）よ」と言われても、夕食のときに必ずビールを飲み、おいしい料理を次々と注文し、また、出た料理は残せない習慣があって、自分なりに満足している人がいませんか？

それと同様に、仮にある人が、自分のことをひどく嫌っているとします。すると、周囲の人たちから同情されたり、果たすべき責任を免除されたりすることがあります。

このような立場に置かれると、この人は「自分らしい」「子どもの頃からそうだった」と思うのです。自分の昔からのイメージをしっかり反映して、ついパターン化した傾向を受け入れているということです。

自分を好きにならず、嫌いである状況が「コンフォート（快適）ゾーン」であるため、本当は自分を勇気づけるニーズ（必要性）がないのかもしれません。

その一方で、「自分を嫌っているのは苦しいです。だから、何としてもこの苦しみから抜け出したいです」と言う人がいます。

もしかしたらこのタイプは、ニーズ（必要性）はあるけれどもスキル（技術）がない人かもしれません。

この本の読者であるあなたも、そんなおひとりかもしれませんね。だからこそ、この本を手にされたのでしょう。

心にも〝ウイルス〟が増殖する

自分を受け入れられず否定する心理は、「心のウイルス」のようなものです。

ウイルスが増殖すると、健康な組織を侵し、やがては身体の各部にはびこるように、心のウイルスは、私たちの心だけでなく対人関係の健康をも損ないます。自分自身だけでなく、仕事上でも、友人との関わりでも、家族との関係でも不健康をもたらすのです。

心のウイルスは、もともとは外部から、もたらされました。

あなたが幼くてしっかりした判断力がなかった頃、親や教師から、

「オマエはバカだ」

「どうしてそんなことができないの」

「やめなさい」

「どうしようもない子ね、あなたって」

と言われていたのをそのまま真に受けて、今度は何かの折に同じ言葉を自分自身で言うようになり、そのことが習慣化してしまいます。


失敗したり、望ましくない出来事に直面したりすると、そのたびに、

「自分はバカだ」

「どうしてこんな目に合うのだ」

「自分はなんと情けない人間なのだ」

と、自分が自分に対して言うようになっています。

このように**実際は言葉として出さなくても、自分が自分に対して心の中で言う言葉を「内言（セルフ・トーク）」**と言います。

「心のウイルス」は、自分で自分を否定する働きの他に、

「イエス・バット（Yes, but）」

として働きます。

誰かがいい情報をもたらしてくれたり、自分でその気になったりしたとしても、ある段階になると否定の動きが出てくるのです。

「なるほど面白いわね。私もやってみようかしら」

と相手に賛同したとしても、しばらくすると、

「だけどねー」

「どうもうますぎる話みたい」

「私には無理じゃないかしら」

と、いったん「イエス」と言ったことに対して否定の心がうごめき、自己否定の細胞が増殖するのです。

「イエス」と言ってせっかくアクセルのような促進力が働いたはずなのに、「バット」を言うことによって制止力のブレーキを働かしてしまうのです。

自分を否定する心理が「心のウイルス」であるのに対して、自分を受け入れられる心理は身体の免疫機能のようなものです。

私たちの免疫機能は、健康な組織を犯すウイルスや病原菌や疾病に対して効力を発揮し、身体の健康や強さを維持します。

同じように、自分を受け入れると「心理的免疫機能」が働き、心理的抵抗力や強さ、さらには、健康な精神生活を維持するための好ましい作用をもたらします。

心理的免疫機能が強ければ、ポジティブで、楽観的で、協力的で、そして貢献的な方法で人生に必要なことを満たせることになります。

つまり、「自分を『勇気づけ』できている人」の10の力（88・89ページ参照）がだんだんと備わるようになってくるのです。

自分を勇気づける＝自分をもっと好きになる

自分を勇気づけるスキル（技術）については、この本の中でふんだんにご紹介しますが、ここでは、基本的なところだけをお伝えします。

自分を勇気づける、つまり、「自分を好きになる」方法を身につけるには、自分が使っている「言葉」、描いている自分の「イメージ」、日常生活での「行動」と「身体」の反応を、折にふれ106・107ページの表に基づいてチェックすることがおすすめです。

そして、つい否定的に傾きがちのとき、「ストップ！」と、迷い道、底なし沼に行く前に歯止めをかけるのです。

「自分を受け入れられない」人

□ マイナスの言葉（否定的な内言）が多い
「いつもうまくいかない」
「どうせ自分なんか……」
「もともと無理」 など

□“イエス・バット（でもね）”が多い

□ 感謝をしない

□ 願望レベルに終始する

□ 過去の否定的要因に関する
致命的なイメージが強い

□「今、ここで」の感覚が弱い

□ 比較と差に基づく行動をする

□ 優先度がつけられない

□ 背筋が曲がっている

□ 目は下を向いている

「今のあなた」はどちらですか？

「自分を受け入れられている」人

- □ プラスの言葉（肯定的な内言）が多い
  「あのときできたのだから……」
  「自分が引き受ければ」
  「創意工夫しだいで」　など
- □“イエス・アンド（そうだね）”が多い
- □ 感謝をする
- □ 願望を現実に近づける
- □ 変えられない過去にこだわることなく、新たなイメージを描こうとする
- □「今、ここで」の感覚が強い
- □ 比較と差を重視しない（違いを認める）
- □ 優先度をつけられる
- □ 背筋が伸びている
- □ 目は水平か、やや上を見ている

“天使のささやき”と“悪魔のささやき”

102ページで実際は言葉として出さなくても、自分が自分に対して心の中で言う言葉を「内言（セルフ・トーク）」としてお伝えしました。

内言には、否定的なものもあれば、肯定的なものもあります。

私は、否定的な内言を「悪魔のささやき（呪《のろ》いの言葉）」、肯定的な内言を「天使のささやき（祝福の言葉）」と呼んでいます。

110～113ページは、それぞれの例です。

悪魔のささやき（呪いの言葉）も天使のささやき（祝福の言葉）もいわゆる「口グセ」ですが、**悪魔のささやき（呪いの言葉）が自分の勇気をくじく**のに対して、**天使のささやき（祝福の言葉）は、自分を勇気づけてくれます。**

悪魔のささやき（呪いの言葉）は、失敗したとき、仕事が順調にいかないとき、体調が悪いときなどに、つい長年の習慣から自分で口にしてしまうことがあります。

「こんな言葉を言ってはいけないのでは？」と思うかもしれませんが、私は、最初から敵視するのではなく、一種の警告として受けとめ、心の中に長居してもらわなければいいのではないか、と思っています。

ある段階で気づいたら、歯止めをかければいいのです。

みんなに
嫌われてる

私ほど
ドジな人間はいない

また怠けてるの

自分なんか
いないほうがいいみたい

もう歳かな？

また感情的に
なっちゃった！

悪魔のささやき（呪いの言葉）
——自分で自分のイメージを“マイナス”にしていませんか

私ってどうして
こうなのかしら？

またやっちゃった！

いつも失敗ばかりなの

情けないな、
私って！

誰も私のことなんか
気にしてくれない

まわりは敵ばかり！

あの人が
好意を持ってくれている

自分って天才！

乗りに乗って
気持ちがいいー！

アー爽快！

年齢相応の
磨きがかかってきた

冷静に対処できて
良かった！

天使のささやき（祝福の言葉）
——自分で自分のイメージを“プラス”にしていく！

大丈夫、
なんとかなる

サイコー！

今までだって
なんとかなった！

順調にいっているわ

ヤッター、できたー！

いざとなったら
誰かが協力してくれる

天使のささやき（祝福の言葉）は、成功したとき、仕事が順調にいっているとき、体調がいいときなど自分で口にする言葉です。

習慣として出てくることがありますが、私は、意図的に口に出すことをおすすめしています。

悪魔のささやき（呪いの言葉）が出てしまっても、そのあとに、あえて天使のささやき（祝福の言葉）を言えばいいのです。

「またやっちゃった。情けないな、私って！」

と言ったとしても、

「だけど大丈夫！　冷静に対処できる。今までだってなんとかなったし！　いざとなったら誰かが協力してくれる」

と、天使のささやき（祝福の言葉）で締めればいいのです。

天使のささやき（祝福の言葉）は、たとえば善玉ウイルスのようなものです。

失敗したとき、仕事が順調にいかないとき、体調が悪いときなどに少しばかり悪玉ウイルスが幅を利かしたとしても、「心理的免疫機能」の助けを借りて、その増殖を防いでくれます。

天使のささやき（祝福の言葉）を味方につければ、自分で自分を嫌う方向にいかずに、自分を好きでいられるのです。

たとえば「行動力がない人」は「思考力がある人」でもある

たしかに物は言いようで、コインに裏表があるように同じ性格や行動でも見方によってポジティブにもネガティブにも言えます。短所と思っていた自分の性格も見方、受けとめ方、生かし方によっては、長所にもなりうるのです。

自分を否定気味の人は、長所・短所を書くように言われると、短所ばかり書く傾向があります。

ならば**短所を長所に言い換えてみましょう。**反対の側面を考えたり、別の属性を考えるのです（例えば、「行動力がない」を「思考力がある」とする）。

「短所」は「長所」に言い換えられる

先延ばしをする	····>	絶妙のタイミングを狙って行動する
時間にルーズ	····>	時間にとらわれない
行動力がない	····>	思考力がある。考えてから行動するタイプ
口下手	····>	聴き上手
依存的	····>	人の協力を引き出すのが上手
グチっぽい	····>	弱音を吐くのがうまい
おしゃべり	····>	情報発信・伝達力がある
他人に厳しい	····>	人をしっかりと見極める
内気	····>	控え目、謙虚

自分を〝ニュー・バージョン〟に

ここで96ページの『なぜ「自分を好き」になれないのか』の項を思い出してください。

自分を受け入れ、自分に対しても他者に対してもポジティブでいるほうがラクなはずなのに、自分を嫌い続け、ネガティブでいることがつらいと思えるのに、その状況から抜け出そうとしない理由として、①ニーズ（必要性）、②スキル（技術）が欠けていることで「コンフォート（快適）ゾーン」に留まっていることをお伝えしました。

自分を変える能力は、誰にも備わっているのですが、ニーズとスキルを伴い、それに「なんとしても変えるのだ」という信念に基づく勇気に支えられてスパークするのです。

私たちは、「コンフォート（快適）ゾーン」に留まっている限り、快適で違和感のないままに、無自覚的ながら器用にパターン化して、いわゆる習慣とかクセとかいわれる行動を繰り返しています。97ページのダイエットの例がそれに該当します。

しかし、現状のスタイルをニュー・バージョンに移行させるためには、不快で違和感があることを覚悟しなければなりません。

ダイエットしようとする人にとって、食事の量を減らしたり、軽い運動をしたりすることは、不快ですし、生活に違和感があります。

しかし、一瞬一瞬自分で自分を見つめ（自覚）、ぎこちない感じを伴いながら

（不器用）、今までのパターンから抜け出るように（脱パターン）やっていると、しだいに変化している自分に喜びを感じられるようになります。

そして、ある段階になって「あ、できているじゃないか！」と喜びをもって確認できます。

そうなると、しめたものです。

少しでも変化の兆候が見られると、変化することが喜びになります。次から次へと変化をもたらし、変化することが普通の状態になっていきます。

Column

「耳にいい響きの言葉」は信用されない!?

プリーザー（喜ばせ屋、74ページ参照）に対して、周囲の人は、ときどき「信用できない」と思います。あなたに対して満面の笑みを振り向け、喜ばせることを言っていたのに、相手が変わっても同じことを言っているのを見たり聞いたりすると、高揚していた気分が急に低下してしまいます。

プリーザー行動は、ホンネの交流、真の友情を妨げます。

プリーザー行動によって特定の人とのやり取りがうまくいっていると、対人関係のかりそめの成功感に酔えますが、やがて周囲から「信用できない人間」と評価されることがあるので、気をつけましょう。

また、友人に対して、本当はその行動をやめてほしいのに、プリーザー的に、つい耳に響きのいいことを言っていると、その人はついいい気になってその行動を続け、やがて当人が始末に終えなくなることもあります。

たとえば、ビールを豪快に飲む人に「男らしい」なんて言って拍手しようものなら、その人はあなたの前では大酒を飲むようになって、やがて健康を害することになってしまいかねません。

4章

ほら、同じことでも「言い方しだい」でこんなに変わる!

「わかってほしい」ときの4つの言い方

私の会社、ヒューマン・ギルドで行なっている勇気づけに関するセミナー（SMILE ＝ Seminar of Mother〈Father〉-child Interaction with Love and Encouragement 愛と勇気づけの親子関係セミナー）では、**人に対して主張するときの行動パターン**を次の４つにまとめています。

①　**主張的行動**　相手を傷つけないで、自分の要求（主張）を聞き入れてもらおうとする

②　**非主張的行動**　相手を傷つけないために、自分の要求（主張）を引っ込める

③　**攻撃的行動**　相手を傷つけてでも、自分の要求（主張）を通そうとする

④　**復讐的行動**　相手を傷つけ、しかも自分の要求（主張）はあきらめる

これに関連して、ある会社の総務部に勤務する陽子さんのケースで考えてみましょう。

陽子さんは、支店長会議に必要なお弁当の手配を頼まれていました。無事に会議が終わり、会場の片づけをしていると、出席した3人の支店長から、「今日の弁当はマズかった」と言われてしまったのです。

次回からのこともあるので、弁当屋の主人に電話をかけました。

陽子：すみません、今日のお弁当「マズイ」という意見がけっこうあったんです。今後なんとかなりませんか？

主人：「マズイ」って……。あんたね、ウチの弁当にイチャモンつける気なの？　生意気なんだよ、あんた！

陽子：（ムッときて）生意気？　マズイ弁当のことを「マズイ」と言ってどこが生意気なんですかっ!?

主人：その口調が生意気なんだよ。素人のあんたに言われたくないねっ。

陽子：その言い方はないでしょう。わかりました！　もうお宅からは今後いっさい弁当をとりませんから！

（翌日、陽子は上司の部長に呼ばれた）

部長：昨日は弁当屋の主人にだいぶひどいことを言ったらしいね。私に電話してきたよ。長年いろいろと世話になってきた弁当屋なんだけどね。

どういうこと？
陽子：先方はなんと？
部長：弁当がマズイと難クセをつけて、今後いっさい取引中止だって言われたと……。君にそんな権限があるのか？　問題だね！
陽子：申し訳ありません。
部長：私が上手にとりなしておいたけど、今後は発言に注意してくれよ。

陽子さんは弁当屋の主人に調理法の再検討をうながそうとしていたのに、それは実現せず、相手を感情的にさせ、自分もキレてしまい、
「その言い方はないでしょう。わかりました！　もうお宅からは今後いっさい弁当をとりませんから！」
と、捨てぜりふを吐く羽目に陥ってしまいました
この陽子さんの行動は、先の「④復讐的行動」に相当します。

その後、反省した陽子さんは、後日改めてその主人に電話をかけました。お詫びの言葉を言いつつ、こう切り出したのです。

陽子：先日は、大変失礼な物言いをして申し訳ございませんでした。
主人：いやー、ホント失礼だったね。
陽子：大変ご迷惑をおかけしました。
主人：だけど、僕も大人げなかったね。ついカッとなってしまって。
陽子：こちらこそ感情的になってしまい、お詫びの申し上げようもありません。
主人：あれからよく考えてみたんだけどね、そちらがお客なんだから、僕のほうが悪いよ。ところで、何であんなことになったんだっけ？
陽子：支店長会議の弁当のことでした。
主人：あ、そうだったね。「マズイ」とか言われたね。

陽子：はい、そうなんです。**そちらのお弁当は、日頃評判がいいのに、あの日にかぎって**3人の方からご指摘を受けて、私もお尋ねしてみたら、どうやら**肉が硬かったうえに揚げ物を揚げすぎていたらしかった**ようです。

年齢層が高かったので、余計気になったらしいのです。

主人：あ、そうなの。そういう声は大事にしなくっちゃね。ありがとう。僕は、そういうご意見をいただかずに、生意気な口を聞いてごめんなさい、だね。厨房の人間にしっかり伝えておくよ。

陽子：そうおっしゃっていただけると助かります。どうかこれからもよろしくお願いします。

主人：こちらこそ、ですよ。どうかこれに懲りずによろしくお願いします。

陽子さんは、自分の非は非として認め、それを相手に謝罪し、結果として本来の目的である調理法の再検討も弁当屋の主人から引き出すことに成功しました。

これが、「①主張的行動」です。

この引き金になったのは、「そちらのお弁当は、日頃評判がいいのに」と、日頃の肯定的な側面を前置きとし、「いつも」でなく「あの日にかぎって」と限定的に表現し、具体的に「肉が硬かったうえに揚げ物を揚げすぎていたらしかった」と指摘しているところにあります。

聞いた側はどんな気持ちになるか

「②非主張的行動」の例は、「すみません」「申し訳ありません」を連発するような、１章の姑の世話になった女性の姿勢が相当します。

また、同じ１章の夫の好みに無理に合わせていた妻も、餃子が嫌いであるにもかかわらず、そのことを言い出せないでいた当時の行動は、「非主張的行動」です。

この妻は、夫に対して、自分の思いを伝えること、自分の主張を通すことが相手の気に入らない行動、相手を傷つける行動のように信じ込んで、自分が我慢しさえすれば、その場が丸く収まると、長年の習性で思い込んでいたのでしたね。

このような思い込みに基づく「いい子」「プリーザー（喜ばせ屋、74ページ参照)」は、非主張的行動をする人のタイプです。

さて、たとえば「②非主張的行動」とは具体的にどう表現してしまうものなのでしょうか？

先ほどの支店長会議のお弁当の手配をした陽子さんの例で見てみましょう。

陽子：すみません、今日のお弁当のことですが、「マズイ」というご意見がかなりあったんです。今後なんとかなりませんか？
主人：「マズイ」ってあんた、うちの弁当にイチャモンつける気なの？
陽子：あ、すみません。そんなつもりはないんですけど。
主人：だったら、一体何が言いたいの？　こっちも忙しいんだからいい加減にしてよ。
陽子：**申し訳ありません。余計なことでお電話して大変失礼しました。**これからもどうぞよろしくお願いします。

相手の感情を害しないようにすると、こんな対応をしてしまうことが多いものです。当初の意図を貫くことができません。

これに対し、「③攻撃的行動」だとどうなるでしょうか？

始まりは同じですが、相手の感情を配慮することがあまりありません。

陽子：すみません、今日のお弁当のことですが、「マズイ」というご意見がかなりあったんです。今後なんとかなりませんか？

主人：「マズイ」ってあんた、うちの弁当にイチャモンつける気なの？

陽子：**支店長の3人の声をお伝えするために電話したんですよ。**そんなに高飛車に出て「イチャモン」とまでおっしゃるならば、それはそれで結構です。お弁当は他にも頼めますから。

主人：(圧倒されたような雰囲気で) あんたこそ高飛車じゃないの。でもわかったよ。それで何なの?

陽子：肉が硬かったうえに揚げ物を揚げすぎていたらしかったんです。支店長連中は、トシでしょ。ブーブー言われちゃいました。「業者に強く言っとけ」ですって。

主人：「業者」はないよな。うちだって長い間ノレン張ってんだ。なんだか面白くないやな。

陽子：じゃどうするんですか。**営業部門の取引なくなりますよ。**

主人：わかったよ。大事なお得意さんだからね。ご意見、ちゃんと聞いときますよ。これからもごひいきにね (受話器をガチャーンと切る)。

「③攻撃的行動」を陽子さんが貫くとしたならば、かなり高圧的な印象を与えますね。

「支店長の３人の声」という権威を背景に、「営業部門の取引なくなりますよ」という脅し文句を使っています。相手の感情はさておき、結果として自分の主張は貫いています。

ただ、弁当屋の主人は、一応話は聞きましたが、どう改善するかは明らかではありません。

「③攻撃的行動」で言われたら、相手は、表面上は要求を呑《の》んだかたちになりますが、面従腹背になることも多いようです。

あなたは「主張的」タイプ？ それとも「非主張的」タイプ？

「①主張的行動」は、3章で述べた「自分を『勇気づけ』できている人」の10番目の「他者に上手に自己主張できるようになる《主張力》」にあたります（88ページ参照）。

あなたが自分を勇気づけられていれば、他者に上手に自己主張できるようになります。それが上手にできるようになればなるほど、自分自身に勇気づけができるようになります。

「主張的」かどうかは、他人にものを要求する場合だけでなく、他人から要求された場合にも、その要求を断れるか、断れないかで問われます。138・139ページの設問は、あなたが「主張的」かどうかの判断材料になるものです。

①～⑩の各状況で「要求（行動）する」「断る」ことが「できる」「できない」を判断し、最後に合計点を出しましょう。

あなたの合計点数はいかがでしたか？

●20点以上　あなたは主張的な人です。日常生活でもさほど困ることがないでしょう。

●13～19点　普通レベルです。

●12点以下　非主張的だと判断されます。この本をよく読んで、主張的な人を目指しましょう

①〜⑩の設問について「必ずできる」「時々できる」「めったにできない」「決してできない」のいずれかに○をつけてください。
次に、それぞれ○をつけた点数の合計を出してください。

	必ずできる	時々できる	めったにできない	決してできない
⑦ 友人が知り合いの人のコンサート・チケットを3,000円で売りつけようとしています。断れますか？	3	2	1	0
⑧ 夕方17時になって上司から2時間ほどかかる緊急の仕事の指示が。その夜には予定が入っています。うまく対処できますか？	3	2	1	0
⑨ あまりつきあいたくない人がメール・アドレスを尋ねてきました。教えないでいられますか?	3	2	1	0
⑩ テレビのドラマを見ている最中、話の長い友人からの電話に出てしまいました。あとでかけてもらうか、自分からかけ直すと言えますか?	3	2	1	0
小計				

合計点数　　　点

主張的？ 非主張的？ タイプ診断シート

	必ずできる	時々できる	めったにできない	決してできない
① 知り合いになりたいと思っている人をパーティーで見かけました。近づいて挨拶できますか？	3	2	1	0
② 映画の途中、後ろの人が話していて迷惑です。話をやめるよう注意できますか？	3	2	1	0
③ 周囲と異なる意見をあなたが持っているとき、そのことを表現できますか？	3	2	1	0
④ 列に割り込んできた人にきちんと並ぶように言えますか？	3	2	1	0
⑤ ランチタイムにA定食を頼んだのにB定食が来ました。交換を要求できますか？	3	2	1	0
⑥ マンションの隣の住人が深夜0時を過ぎても騒々しい日々が続く。隣の人か管理人に注意を促すことができますか？	3	2	1	0

自分と相手に「OK」を出していますか

主張的行動、非主張的行動、攻撃的行動、復讐的行動を判断するポイントは、一つは「主張的かどうか」ですが、もう一つは、「自分と相手に対してOKか、あるいはnot OKか」です。

「①主張的行動」は、相手に少し譲歩を迫ることもありますが、基本的には**「自分も相手もOK」**です。

感情的にしこりを残さない「さわやか行動」と言ってもいいでしょう。自分と相手でさわやかな人間関係をつくりあげ、維持することができます。

「②非主張的行動」は、**「相手にはOK、自分にはnot OK」**です。

相手の感情を傷つけることはありませんが、「さわやか」とは言えません。自分に気詰まり感が残りますので、「気詰まり行動」と言ってもいいでしょう。

本来対等であるべき人間関係でも、自分を下に置くことで、卑屈な関係が続きます。自分がストレスを受け、我慢を重ねているうちに耐えられなくなって爆発することがあるかもしれません。

1章でお話しした、餃子嫌いなのに無理して夫に合わせていた妻は、危うく爆発寸前で食い止められましたが。

「③攻撃的行動」は、**「相手にはnot OK、自分にはOK」**です。

相手は、感情的に傷つけられて、そのうえ要求を呑むかたちになります。「プレッシャー行動」と言ってもいいでしょう。

自分は、当面満足しているのですが、長期的には、このパターンを続けていると、お互いの関係が悪くなります。

「④復讐的行動」は、**「自分も相手もｎｏｔ ＯＫ」**です。また、そのことがきっかけとなり、関係が破綻してしまうことがあるかもしれません。

お弁当業者へ対応した陽子さんの最初のケースでは、取引の中断という犠牲を伴います。その意味では「自滅的な行動」と言っていいかもしれません。「自滅的な行動」でもある復讐的行動の芽は、私たちの中に潜んでいます。

次は、「自滅的な行動」によって関係が破綻してしまったケースです。

「自分の主張(要求)」をどう通しますか?
――「アドラー心理学」による4つのパターン

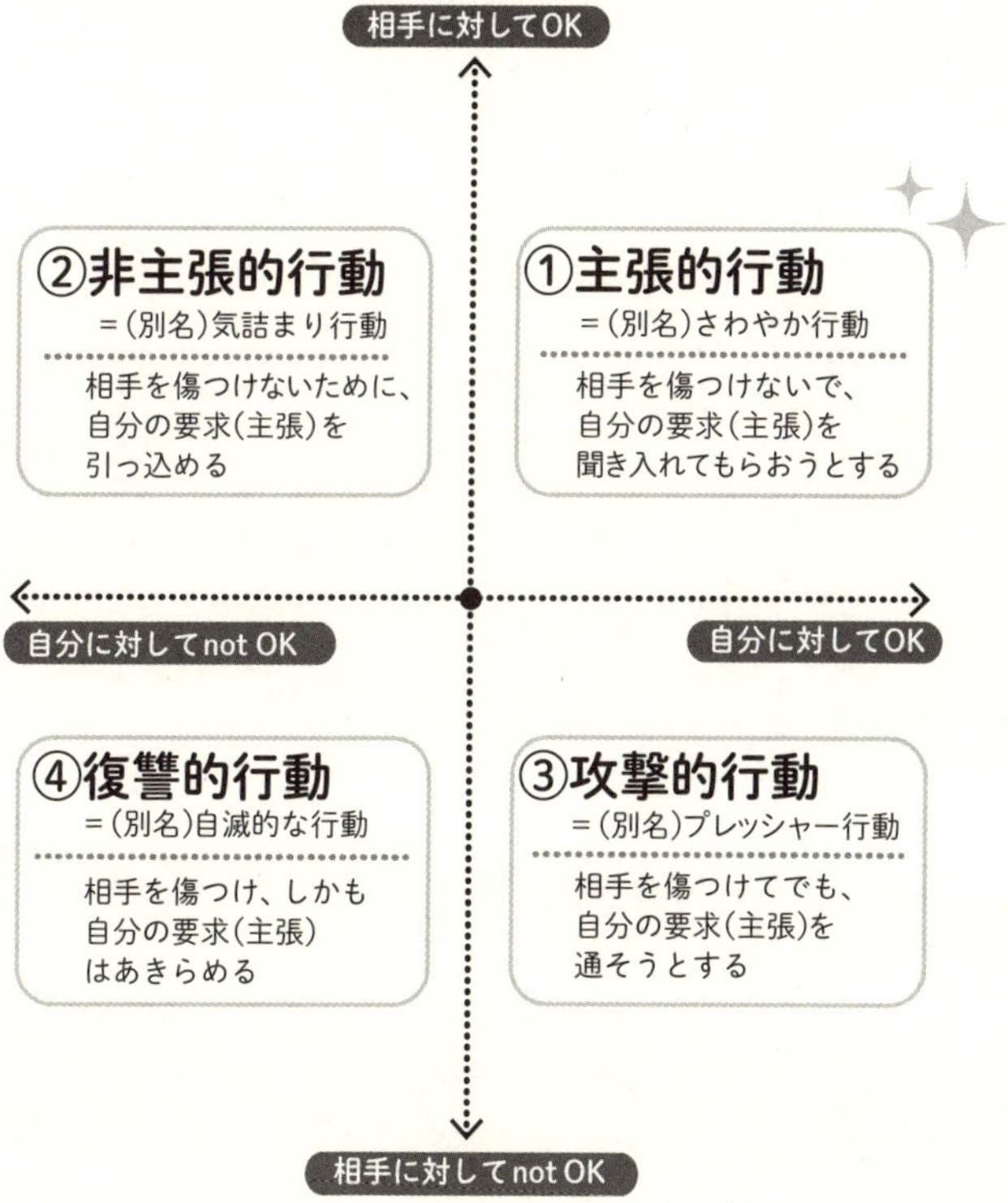
相手に対してOK
②非主張的行動
=(別名)気詰まり行動
相手を傷つけないために、自分の要求(主張)を引っ込める
①主張的行動
=(別名)さわやか行動
相手を傷つけないで、自分の要求(主張)を聞き入れてもらおうとする
自分に対してnot OK
自分に対してOK
④復讐的行動
=(別名)自滅的な行動
相手を傷つけ、しかも自分の要求(主張)はあきらめる
③攻撃的行動
=(別名)プレッシャー行動
相手を傷つけてでも、自分の要求(主張)を通そうとする
相手に対してnot OK

「不幸な物語」という誘惑

ある交際中の2人に、こんなことがありました。
レストランで食事をしているときのことです。

梨恵：ちょっとお手洗いに行ってくるね。
（テーブルにある梨恵のスマートフォンのメールの着信音が鳴る。恋人の優人がそのスマートフォンを手にしたところを、戻ってきた梨恵が見てしまう）
梨恵：優人!?　何してるの？　勝手に人のスマホ見ないでよ。

優人：えっ？　ああごめん、自分のスマホと勘違いして……。
梨恵：そんなワケないでしょっ！　イヤなやつ！
優人：そんなに怒るなよ梨恵……。何かやましいことでもあるの？
梨恵：やましい、やましくないの問題じゃないでしょ。こんなことするアンタが信じられないのよ！
優人：やっぱりやましいから、そんなこと言うんだな。
梨恵：もういいっ、アンタとは今日かぎりね！　さよならっ！
（怒りのおさまらない梨恵は、レストランを出て、携帯ショップに行く）
梨恵：すみません、機種変更したいんですけど！
店員：いらっしゃいま……。
梨恵：電話番号の変更もお願いします！（優人、許せない……ぜったい許せない……）

梨恵さんに届いたメールは、同性の友人からのものでしたが、優人さんから「やましい」と思われるほどの対応をしてしまいました。

たしかに、見られたくないメールもいくつかあったのは事実です。それにしても人のスマートフォンをのぞき見た非を認めるにしても、優人さんのしたことは、絶交までしなければならないほどの卑劣な行為だったでしょうか？

ここで直視しておきたいことは、**私たちの心の中には「不幸な物語への誘惑」があるということです。**

「不幸な物語への誘惑」とは、幸福であるとき、「自分がこんなに幸福であるのはおかしい」という思いがよぎり、幸福を満喫できないで、自分の過去の不幸な体験とそれを支える思い込みをもとに状況を不幸な方向に持っていこうとする、心の働きです。

もっと簡単に言えば、自分を「みじめ」にしたい、心の作用です。

幸福であるとき「自分らしくない」と思い、「みじめ」になったとき「自分らしい」と思う「自滅的な行動の芽」は、多かれ少なかれ私たちには巣食っています。

そして、自滅的行動の最たるものは自殺です。

自殺は、現在の苦しい状況から逃れる最後の手段かもしれませんが、残された遺族や友人・関係者などの一部からすれば、アドラーの言う通り、「復讐と告発」とも受けとられかねません。

彼らは、「なぜあの人を自殺させてしまったのだ」と周囲（極端な場合はマスコミ）から非難され、自分が生きているかぎり、苦しみとやるせない思いをにない続けなければならないからです。

仮に、先ほどの梨恵さんが怒って出たあと、列車に飛び込んだりしたら、優人さんは、梨恵さんの遺された家族だけでなく、周囲の人からも「どうしてこんなことになったのだ？」と責め続けられ、自分も死にたい思いに駆られることになるかもしれません。生き続けたとしても、生涯、「どうして自分は、あんなことをしてしまったのだろう」と後悔と悩みの人生を送ることになるでしょう。

また、自殺しないまでも梨恵さんがパタッと連絡を絶つことになると、優人さんは同じような不可解さと後悔の入り混じった感情で自分を責めることになる可能性が高いでしょう。

だからこそ、梨恵さんの「自滅的な行動」は、優人さんの立場からすると「復讐的行動」に映るのです。

「自滅的な行動」に陥らないために

「自滅的な行動の芽」は、ふとした瞬間に芽を出します。

そこで、「自滅的な行動の芽」が開かないようにするには、どうしたらいいでしょうか？

「不幸な物語への誘惑」を断ち切るためには、どんなことができるのでしょうか？

そのためには、次の４つの心構えが必要です。

①「不幸な物語」への卒業宣言をすること
②立ち止まって考えること
③自分と相手にＯＫであるように振る舞うこと
④「幸福な物語」をつくりあげ、それをエンジョイすること

①は、「過去の物語」は過去に任せ、**今と過去を切り離すこと**です。
たとえば、過去に自分がいくつかの失敗をしてきて、「自分は失敗しやすい」という思いがあったとすると、現在何かの失敗を犯したとき、「ああ、またやっちゃった。自分って昔からそうなんだ」と決めつけやすいものです。

しかし、「自分は昔は『失敗しやすい』と思っていた。しかし、今は失敗を卒業し、失敗から多くのことを学び、いくつかの成功を収めている」と、卒業宣言をしていれば、「そういえば、昔はいくつか失敗したことがあったな」と、過去の物語に引きずられることがなくなります。

「②立ち止まって考えること」というのは、①と③の橋渡しになります。「不幸な物語への誘惑」が出そうになったとき、断ち切るためのおすすめの方法があります。

実は、私たちが悩むとき、ある法則があります。

「今、ここで、自分自身」という軸を失って、「過去・未来、あっちこっち、他人との比較」という軸で物事を考えていることです。

過去を後悔し、未来に不安を持ち、意識があっちこっち散漫になり、「あの人はいいな、この人はうらやましいな。それに比べて自分は？」と考えているかぎり、幸福にはなれません。

ですから、「不幸な物語への誘惑」が出てきたと思ったら、まるで現在の自分を見つめる〝もうひとり〟の自分がいるように、「過去・未来、あっちこっち、他人との比較」の「不幸の法則」に向かう流れを自覚的に食い止め、**「今、ここで、自分自身」の「幸福の法則」をもとに考える**のです。

それができると、「③自分と相手にOKであるように振る舞うこと」が機能しやすくなります。

今度は、自分を滅ぼし、相手に復讐の念を感じさせる対応に代わる、自分と相手にOKとなる行動をいくつか探ることです。

探ってみた結果、間違いなく「主張的行動」が自分と相手にOKであることに行き着くことでしょう。

「不幸な物語への誘惑」を断ち切る4つの心構えのうち、最後の「④『幸福な物語』をつくりあげ、それをエンジョイすること」というのは、「①『不幸な物語』への卒業宣言をすること」、「②立ち止まって考えること」、「③自分と相手に

ＯＫであるように振る舞うこと」の積み重ねがあって初めて到達できる段階です。

試行錯誤をしながらたどり着き、その物語の主人公になりきっていると、かつての「不幸な物語」が別の人間の物語のように感じられるようになります。

私は「主人公」と書きました。

そうです。**あなたの人生の物語の脚本家はあなたであり、主人公もあなたなのです。**

あなたが書き、演じるならば、主役のあなたを悲劇の主人公に仕立て上げることなど、必要ないではありませんか。

自分も相手も傷つかない「上手な主張」のしかた

前にお話ししたプリーザー（喜ばせ屋、74ページ参照）に関して次のように書かれていることを振り返ってみましょう。

「彼らは、『他者から好かれたい、嫌われたくない』という思いを持っていて、時として『好かれるためにはどんなことでもしよう』とする人です。

そのことで、他者に対して『ノー』と言えず、周囲からの評価で自分の価値を決めがちで、意中の人が不機嫌だとすると自分に問題があるのかと思い、機嫌がいいと『良かった』と喜ぶ傾向があります」

「プリーザーは、周囲の人たちに気分の良さを提供しますが、彼らに嫌われるか、拒否されることをかなり恐れ、自分が受け入れられているのかどうか不安に思うことが多くあります」

主張的になるには、プリーザーである自分に「ノー」を言い、さわやかに自分が自分の人生を、それこそ自作自演で歩もうと決心することです。

相手に何かを要求したり、相手の要求を断ったりすると、**「相手に嫌われるのではないか」「相手に迷惑をかけるのではないか」と考えてしまう「自分の邪魔をする考え方」と決別すること**です。

この章の前半の「主張的？　非主張的？　タイプ診断シート」（138・139ページ参照）の設問に戻って検討を加えてみましょう。

②「映画の途中、後ろの人が話していて迷惑です。話をやめるよう注意できますか?」、④「列に割り込んできた人にきちんと並ぶように言えますか?」の場合、あなたばかりでなく周囲の人も相手の行動に迷惑を感じています。

それに対してあなたが注意するとして、相手は、別にあなたが「好かれたい」と思っている人ではないし、もともと公共の秩序に反していて、是正してもらわないと困る行動なのです。

あなたが注意するとしたら、当事者の行動を迷惑だと感じていた周囲の人から間違いなく好意を持たれます。

⑧「夕方17時になって上司から2時間ほどかかる緊急の仕事の指示が。その夜には予定が入っています。うまく対処できますか?」と、⑩の「テレビのドラマを見ている最中、話の長い友人からの電話に出てしまいました。あとでかけてもらうか、自分からかけ直すと言えますか?」は、断ることに関係しています。

この2つに関しては、タイミングが重要です。

相手の話をじっくり聞いてしまうと、断るタイミングを逸してしまいます。

上司の指示は、ダメモト（ダメでモトモト）であることも多いものです。あなたが引き受けるタイプだと予測がついていて、「どうせ断られないだろう」と思っていたり、「引き受けてもらえたら儲けもの」と考えていたりすることがかなりあります。

どうすれば、相手の感情を傷つけずに断ることができるでしょうか。次の項目で上手なものの言い方を考えてみましょう。

気まずくならない断り方

あなたがいつも断ることなく引き受けるタイプの人なら、周囲はあなたを高く評価するどころか「便利な人」とみなし、あなたがいつも引き受けるのを当然のように思い、あなたに甘えてしまうかもしれません。

たとえば、先のように、用事があって会社を出なければならないのに、退社直前になって上司から急ぎの資料作成を指示された場合、どのように断ればいいでしょうか。

あなたと上司の双方のニーズを満たす断り方を考えてみましょう。まず、

「申し訳ありません。今日はどうしても定時に失礼しなければならない用があるのですが、その資料が必要となるのはいつでしょうか？」

と確認し、もし翌日の10時であれば、

「明日1時間ほど早く出社し、遅くても9時半までには完成させるようにいたします」

といった対応をすれば、上司も納得してくれるでしょう。あなたも予定を変更しなくてすみ、双方ともにOKになりますね。

先ほどの診断シート（138・139ページ参照）の⑩のケースであれば、話の長い友人からの電話に対しては、

「ごめん、ごめん。今、どうしても手が離せないの。大事な電話みたいだし、10時すぎにこちらから電話するわ。そうすると、じっくり話せそうだから。それでいい？」

という対応をするといいでしょう。

相手の感情を傷つけずに断るには、話をある程度聞いてからでは、手遅れです。たとえば、お金の貸し借りに関するやり取りなど、「何に使うの?」「いつ返してくれるの?」の質問をしたあと、「やっぱり貸せない」となると、相手は「どうせ貸さないならば、話を長引かせないで」と怒りの感情を持つことになります。

最初から断るつもりなら、相手の事情、自分の都合についてやり取りすることなく、短時間で断るにかぎります。

主張的な人は、頼むのもさわやかならば、断るのもさわやかです。

もっと「感情」を言葉に出していい

上手なものの言い方の秘訣として、適度に感情を表現することもおすすめです。

たとえば、先ほどのレストランで自分のスマートフォンを見られて恋人とケンカをしてしまった梨恵さんが、その後、彼に謝りたいと思ってメールを送るのであれば、自分の気持ちを伝えるようにします。

「驚いた」「ショック」「悲しくなっちゃった」「もう別れたいとも思った」「許せない気持ち、わかってくれるかな」というような、感情を込めた表現を入れるのです。

優人へ‥

私が急にお店を出たので、**驚いた**だろうね。

だって、優人ったら、人のスマホを見てるし、

無神経な感じがして**ショックだった**。

それに「何かやましいことでもあるの？」

なんて言うから、**悲しくなっちゃった**。

もう別れたいとも思ったの。

優人は**私がこんなふうになった気持ち、わかってくれる？**

今は思い直したけど、**そのときは許せない気持ちになった**んだよ。

やましいことがあってもなくても、

人のスマホを見るのは良くないことだと思う。

思いやりが欠けているような感じがする。

だから今後は、尊敬し合って、

恋人同士でも、ある部分には踏み込まないようにできたらいいな。
それがいい関係を長続きさせる秘訣だと思わない？
一度は感情的になったけど、
優人が私の気持ちをわかってくれればうれしく思います。
それじゃ、お休みなさい。
梨恵

ただし、上手に感情を表現しようとしても、「腹が立った」「ムカッときた」などの怒りの感情をあらわにすると、相手は「挑発された」と感じ、怒りに対して怒りで応戦することになります。

怒りの感情は、さまざまな感情の種類の中でも対人関係的な要素が強いもので、主導権争いに発展する危険性を持っています。

私たちは、他者に対して怒りの感情を表現することがありますが、怒りの根底には、傷つき、寂しさ、悲しみ、心配、落胆などの感情（これらを「一次感情」と言います）が潜んでいます。この感情が満たされないために、対人関係で怒りという「二次感情」を使って対応することが多いのです。

たとえば、せっかくの結婚記念日に夫の帰りが遅いので、腹を立てている妻がいるとしましょう。

夫が遅くなって帰ってきたときに、

「あなたったらどうしてこんなに帰りが遅いの！　頭にきたわ！」

と言ったとしたら、

「何言ってんだ。オレだっていろいろ理由があるんだ。頭ごなしにその言い方は何だ！」

と反発がきます。

怒りの感情は、感情の中でも最も二人三脚的な構造に入りやすい感情です。こちらの思惑を離れて「売られたケンカは買わねばならぬ」という気持ちを相手に持たせてしまいがちなのです。

こんなとき、妻は実は、夫の帰りが遅いので、何かあったのか「心配」だったのかもしれませんし、結婚記念日を忘れてしまったのかと「落胆」していたのかもしれませんし、ひとりぼっちにされていたことで「寂しい」思いをしていたのかもしれません。

そうならば、怒りの代わりに心配や寂しさを表現してみると、自分の思いが相手にしっかりと伝わり、主導権争いに発展することを回避することができます。

また、**上手に感情を表現するためには、〝マイナスの感情〟だけでなく〝プラスの感情〟を表現すると、より豊かな関係が築ける**のです。

このことについては、次の章でお伝えしますね。

Column

緊急時には「ダイジョウ・ブ」が効く

私が国民運動のように伝えたい〝しぐさ〟があります。

不安になったとき、信念が揺らぎがちなとき、プレッシャーがかかりそうな事態でマイナスの気分を払拭し、プラスの気分を強める儀式です。

私たちは、不安なとき、不安の原因をあれこれと探し出し、その対策を考えようとする傾向があります。自信がないとき、緊張したとき、どう対処したらいいかわからなくなります。

そんな、あまり時間がかけられない場面でのおすすめが、この「ダイジョウ・ブ」（168ページ参照）です。

たとえば急に人前で話さなければならなくなったとき、対人関係で自信を失いそうなときなどにとても効果があります。

私にもかつて、こんな体験がありました。

講演を依頼されて会場に行ってみると、聴衆が700人ほど、会場にあふれているのです。100人や200人ならともかく、当時は700人には圧倒されました。舞台の袖から見て、ヒザがガクガクしそうになりました。

そこで、「ダイジョウ・ブ」の登場です。

このときは両腕を使いました。すると、気持ちがスーッと落ち着いて、講師紹介をされて演壇に出ても緊張しませんでした。

講演の途中でも緊張しそうになると、聴衆から見えないところで「ダイジョウ・ブ」をやっていました。おかげでその講演会は大好評で終わりました。

心をプラスにする「ダイジョウ・ブ」メソッド

・下腹部に利き腕の反対の手のひらをあてる

・利き腕をL字型にし、手のひらを胸の高さから
腹部まで振り下ろしながら「ダイジョウ・ブ」と言う
※できたら手のひらを「ダイジョウ」で約15センチ下げ（①）、
「ブ」で5センチほど前に出す（②）

5章

「人も自分もHappyになる」5つの話し方

言葉をかける前に

この章のテーマは、「勇気づけ」です。

と言っても、この本の全体が勇気づけの内容ですので、より正確に言うと、「あの人を勇気づけること」のほうがふさわしいでしょう。

この項では、「勇気づけに関して知っておきたいこと」を、まず明らかにしていきます。

さて、「勇気づけとは何か?」については、すでに1章で次のように定義しました。

・勇気づけは、困難を克服する活力を与えること

・勇気づけの人間関係は、相手との対等な関係を築くこと

勇気づけに関して**「勇気づけることとほめることは違う」**と1章で簡単にふれましたが、ここでくわしくお伝えしておきます。

私たちは、相手に明日の意欲が湧いてくるように願って、相手が好む言葉をかける場面がかなりあります。

このような言葉かけの大部分は、「ほめる」対応です。

この本の冒頭に登場した、重要なプレゼンで頭がいっぱいの彼とそんな彼を気づかう彼女のやり取りの例では、「やればできるじゃない。すごいわね」が相当します。

この他にも、「素晴らしい」「ステキ」「えらい」「自慢の……」などがほめる言葉に該当します。見境のない「素晴らしい」「ステキ」の連発は、相手は最初はうれしくても、逆に不信感を持つような結果になり、プリーザー行動であることも指摘しました。

「ほめ言葉」は、相手がほめる側の人間の期待・価値観にそった行動をしたとき、一種の評価として発せられます。

期待・価値観にそわない行動、失敗した行動は、対象にならないどころか、逆にひどい言葉が返ってくることがあります。

また、上の立場にいる人間が下の立場の人間に対して、言葉による「ごほうび」として言うことが多くあります。

「ほめる」対応でない「勇気づけ」は、困難を克服する活力を与えることで、相手の関心に配慮しながら、〝対等の人間関係〟として言葉を発することです。
まとめてみると、「ほめる」のと「勇気づける」のとでは、次のような違いがあります。

ほめる

・優れている点を評価し、賞賛すること
・評価的態度
・上下関係

勇気づける

・困難を克服する活力を与えること
・共感的態度
・対等の関係

ところで、「ほめる」のと「勇気づける」のとでは、明確にどれが「ほめる」で、どうなると「勇気づける」になるのか、境界がむずかしいところがあります。たとえば、「頑張ったね」という言葉は、「ほめる」とも受けとめることができますし、相手の努力を認め、対等の関係から出てくる言葉であるため「勇気づける」とも言えます。

慣れないうちは、ややほめる気味の言葉が混じっていても、とにかく相手の良い点を伝えようとするほうが、良い点にまったく注目しないで、欠点ばかり指摘することよりは、だいぶマシです。

もう一つ重要なことがあります。

「自分自身を勇気づけること」を主題にした3章での強いメッセージ、「自分自身を勇気づけしていないと、他者を勇気づけられない」ということです。

まとめると、勇気づけに関して、次の4つを知っておいていただきたいと思います。

・勇気づけは、困難を克服する活力を与えること

・勇気づけの人間関係は、相手との対等な関係を築くこと

・勇気づけることと、ほめることとは違う

・自分自身を勇気づけしていないと、相手を勇気づけられない

そして、勇気づけの実践として、「人も自分もＨａｐｐｙになる話し方」をするために心がけたいポイントは、主に次のページの5点です。

それぞれについて、これからくわしくご説明しましょう。

「人も自分もHappyになる話し方」のポイント

1 感謝を表明すること

2 “ヨイ出し” をすること

3 聴き上手に徹すること

4 相手の進歩・成長を認めること

5 失敗を許容すること

【実践編1】「感謝」の気持ちを具体的に表す

実践編の1つ目は、**「感謝を表明すること」**です。

私は、感謝を多くできる人には3つの「良くなる効果」がある、と強く信じています。

①関係が良くなる
②運が良くなる
③人相が良くなる

感謝には第一に、「関係が良くなる」効果があります。

ある女性は、修復不能かと思われるほどの大ゲンカをしてしまった夫に、日頃の感謝を伝えるメールを送ったところ、予想に反してすぐ、しかも肯定的な内容のメールが夫から返ってきたそうです。

感謝には「ブーメラン効果」があって、伝えると感謝が返ってくる頻度が多いものです。

仮にあなたが誰かに感謝に満ちたメールを送ったとします。

受け取ったその人は、おそらく5回以上そのメールを読み、かなりの確率で保存します。これは手紙でも同じです。

そのことでその人はあなたに好感を持ち、あなたとの関係は良くなります。

「関係が良くなる」と言っても、お互いが「対等な関係として」良くなるような表現を用いなくてはなりません。

感謝のつもりのメッセージでも「ご苦労さん」「すみません」は、不適切です。「ご苦労さん」は上の者が下の立場の人間をねぎらうような、「すみません」は自分が下の立場で相手に詫びるような、伝わり方をするので、感謝の表明ではありません。

人によると「感謝したいのだけれども、感謝するような状況がない」と言う人がいますが、これは事実に反します。

私たちの身のまわりは、感謝する場面に満ちあふれています。

「あたりまえ」と思っていたり、目線を高くしたりしていると、あらゆることが「イマイチ」と思えて、感謝の気持ちが湧いてきません。

子どもが相手なら、子どもの立場に身を置いて、子どもの関心に配慮してみると、「よくやっているな」と実感し、自然に感謝できるようになります。

「相手の関心に配慮すること」を「共感」と言いますが、共感なくして勇気づけが成立するのは困難です。

＊使うと「運」まで良くなる言葉

感謝には第二に、「運が良くなる」効果があります。

3つの「良くなる効果」のうち、第一の「関係が良くなる」は、他者との関係での効果ですが、第二の「運が良くなる」と第三の「人相が良くなる」は、自分自身への効果です。

ただし私は常々、自分の運を良くするためには、次のような条件があることをお伝えしています。

「お願い」より「感謝」が多いこと

世の中にはお願いごとばかり多くて、相手がそれに応えてくれたにもかかわらず、感謝の気持ちがない人がいます。

こういうことが一度ならず二度三度と続くと、頼まれても応援のしがいがなくなります。「あの人は頼むときだけ熱心で、感謝の気持ちを持たない人だ」と烙《らく》印《いん》を押され、ケムたがられます。

しかし、お願いされたことに応えたとき、しっかりと感謝の気持ちを表明する人に対しては、「あの人の役に立てて良かった」と自分でも納得し、「また機会があれば応援してあげよう」という気持ちになるものです。

感謝のメッセージに対しては、「そんなふうに感謝してくれてありがとう」と、感謝を返すブーメラン効果も表れます。

人間関係は、持ちつ持たれつですから、親しい人にお願いしてもいいし、また、お願いを引き受けることもあります。都合によって断らなければならない場面もあります。

あなたもぜひ、お願いよりも高頻度で感謝することを心がけてみてください。周囲との関係が良くなり、さらには第三の「人相が良くなる」効果が出てきます。

お願いの多い人と感謝の多い人は、比べてみると明らかな違いがあります。人相が違うのです。

前者は貧相になっていきます。自分の行動のモチベーション（動機づけ）が恐怖だからです。切実にお願いしなければならないほど切羽つまっているのだし、「お願いに応えてもらえなければどうしよう」と、恐れを抱いています。その結果、周囲との折り合いが悪くなります。

感謝を多く表明する人は、最初こそ儀礼的に始まったとしても、感謝の習慣ができるにつれて、しみじみとありがたみを実感し、自然に感謝の言葉が出るようになります。

そして充実感を覚えるようになった結果、感謝と充実感の連鎖に入って、やがて人相が良くなるのです。

【実践編2】ダメ出しせずに〝ヨイ出し〟を

実践編の2つ目は、**「〝ヨイ出し〟をすること」**です。

「ヨイ出し」の反対が「ダメ出し」です。私たちの周囲でよく見かけます。

次の話は、私自身が出合ったダメ出しとヨイ出しの体験です。

以前、ある劇団が主催する舞台を観に行ったことがあります。会場に行くと、入り口にお詫びが貼ってありました。

「主役の○○○○は、突然の病気により××××と交代することになりました」

ヘンだなと思いながらも舞台を楽しもうとしましたが、役者のトチリが多いし、どこか迫力がない。舞台が小さく感じられたのです。私の率直な感想を、その劇団の関係者でもある友人に伝えると、舞台裏の事情を明かしてくれました。

突然の主役交代の真相は、主役と演出家との間の対立にあったというのです。

演出家は、典型的なダメ出しタイプで、「○○○○、オマエ、何年役者やってるんだ！ うぬぼれてるんじゃないぞ」「何でそんなことができないんだ！ それで主役が務まるか！」という調子で、人格攻撃、叱咤激励を繰り返していました。ついに主役がキレて、役を降りてしまったというわけです。

その1年後、別の友人からの案内で、偶然、同じ劇団の舞台を同じ劇場で観る機会がめぐってきましたが、まるで違っていました。役者たちが伸び伸びとしていて、舞台が大きく見えたのです。

友人の俳優に、1年前との違いを伝えると、彼は演出家が代わったことを教えてくれました。

今度の演出家は、役者一人ひとりの個性を尊重して〝ヨイ出し〟をするタイプのため、役者の気分が乗り、チームワークも抜群に良くなっていたのです。

素人の私でも「ダメ出しとヨイ出しの演出家によってこうも違うのか」と実感した舞台でした。

恐怖を使ってダメ出しをすると、集団には離反力が生まれ、個人間では、ダメ出しをする人とされる人との間に溝が生じます。緊張感が生じ、失敗を恐れ、器量が小さくなります。

信頼してヨイ出しをすると、集団には結束力ができますし、個人間では、ヨイ出しされた人に自信が生まれ、リラックスして、いざというときに本領を発揮できます。

ダメ出し、ヨイ出しに共通することとして、ある行動は、注目されればされるほどその行動の頻度が増える傾向があります。

せっかくならば、お互いの関係を悪くしてダメな行動の頻度を増やすよりは、相互に信頼できる関係の中でヨイ出しによって、好ましい行動の頻度を増やすほうが得策だと思いませんか？

【実践編３】「聴き上手」になると、もっといいことが！

実践編の３つ目は、**「聴き上手に徹すること」**です。

相手の話を「きく」場合、漢字で表すと３つの「聞く」「聴く」「訊く」があります。

「聞く」は、あまり意識することなく耳に入るものをきく、という意味で使われます。

「訊く」は、問いただす・尋問する、こちらの関心にそって相手に質問を連発する、というニュアンスがあります。

「勇気づけ」のためには、意識的・積極的・能動的に耳を傾ける、相手が興味を持っていることに関心を持ってきく、という意味で「聴く」姿勢が重要です。

では、「聴き上手」に徹するためには、どうしたらいいのでしょうか?

相手の話を聴いているつもりでも、つい自分の話をしたくなったり、相手の話とは別のところに興味が移ったりすることはありませんか?

聴き上手に徹するためには、心構えとしては、相手の話に興味を持って、自分の話したい誘惑を克服することです。

これは、理屈としては簡単ですが、実践は困難です。

ただ、「自分の話したい誘惑を克服する」と言っても、興味の表れとして質問をすることは許されます。

カウンセリングのトレーニングを受けた専門家でもない限り、質問もしないで相手の話を聴き、時として繰り返しをするだけだと、苦痛ですよね。

適度の質問は、かえってこちらの関心が相手に伝わり、双方向的なコミュニケーションが促進され、相手に「この人とは話しやすい」という印象を与えます。

ただし、質問をするならば、相手の話の枠内に留まる質問をすることです。

仮に相手が趣味の話をしているのに、突然仕事や家族に関して質問されると面食らいます。

趣味の話に寄り添うならば、あくまで趣味に限定して相手に関心を持ち、趣味の枠内で質問すれば、相手に違和感を与えず、話の内容が深まります。

＊ステキな〝お返し〟がやってくる

聴き上手な人には、相手に影響を与えるとともに、聴き上手なりに得られる効用があることについてもふれておきましょう。

① 人助けになる
② 相手に好意を持たれる
③ 情報が豊かになる

聴き上手な人は、第一に、人助けになります。
あなたも、誰かに相談に行ったとき、自分で話しているうちに、ふとあることに気づいて、別に相手から助言してもらったわけでもないのに、解決策が見えてきた体験はないでしょうか？

その人は、あなたに解決の道筋をつけてくれた人で、勇気づけてくれた人でもあります。

聴き上手な人は、第二に、相手に好意を持たれます。
あなたの身のまわりにいる、聴き上手な人を思い浮かべていただけますか？

その人は、あなたの関心に配慮してくれます。そうすると、相手から好意が伝わって、あなたもその人に好意を持つことになるはずです。

聴き上手な人は、第三に、情報が豊かになります。

あなたがある人の話に興味を持って、タイミングのいい質問をしながら聴いていると、その人はどんどん話したくなり、情報を提供してくれます。

その人が何か新しい情報を手に入れたときなど、まず頭に浮かぶのはあなたで、○○さんに聴いてもらおう、という気持ちになってあなたに情報を提供してくれるようになります。

5 相手との関係に応じた適度な「距離感」で

親しい間柄なら近く、
そうでなければ少し離れ気味に

6 「視線」は相手の口元のあたりに

相手の目を見すぎると緊張させ、
キョロキョロすると落ち着かない印象を与える

7 話題に合った「表情」を

楽しい話なら楽しそうに、
悲しい話なら悲しそうな表情で

相手をHappyにする「聴き上手」のコツ

1　話に合わせて「あいづち」を

「へぇ」「なるほど」「それで？」など適切にあいづちを表現する

2　話に関連した「質問」を

「それはいつのことですか？」

「それからどうなったのですか？」など

3　途中で話の要点を確認

「○○なのですね？」（オウム返し）
「それは○○ということですか？」（明確化）

4　相手より、「ややきちんとした」姿勢で

あまりしっかりしすぎると相手を緊張させ、逆にだらしないと生意気に見られる

【実践編4】相手が「取り上げてほしいこと」を話題に

実践編の４つ目は、**「相手の進歩・成長を認めること」**です。

進歩・成長を認めるには、「加点主義発想」が必要です。

１００点満点からどれだけ減点するかの「減点主義発想」ではなく、以前との比較で本人がどこまで進歩しているか、成長しているか、加点していく発想法が「加点主義発想」です。

たとえば、保育園に行き始めた子どもに対してであれば、

「最近の弘樹を見ててね、ママはとてもうれしいの。保育園でママとお別れするときもちゃんと手を振ってくれるようになったし、お手伝いもしっかりしてくれるでしょ。すっかりおにいちゃんになったね」

というように話しかけます。

そうすることによって子どもには、責任感と自立心が育まれます。

「減点主義発想」だと、自分の理想や期待からどれだけ乖離《かいり》しているかを測定し、常に「イマイチ」と見られるので、相手の立場からすれば、「努力しても認めてもらえない」と思ってしまいます。

その点**「加点主義発想」だと、小さくとも着実な進歩を一緒に喜んでくれる印象が残るため、当人からすれば「わかってくれている」「やって良かった」と思えます。**

【実践編5】失敗も「肯定的に」

実践編の5つ目は、**「失敗を許容すること」**です。

失敗という体験には、肯定的に見るならば、2つの意味があり、第一はチャレンジの証、第二は学習のチャンス（レッスン）です（71ページ参照）。

「失敗の体験を持っている人は、価値のある品物で満ちた宝庫を持っているような人」なのです。

また、失敗の体験は、過ちでも問題行動でもありません。

結果として他者に迷惑をかけることや自分にダメージを受けることがあるかもしれませんが、肯定的・長期的にとらえれば、先の2つ以外にも「大きな目標へ取り組んだ勲章」であり、だからこそ「次の成功のタネ」「再出発の原動力」だという受けとめ方もできます。

では、失敗した人に、どう勇気づけをしたらいいか考えてみましょう。

失敗した人は、失敗の事実によって自ら傷ついているのです。

そんなとき、「どうして失敗したの？」「なぜこんなことになったの？」と問い質《ただ》すとか、批判するような発言をすると、自分と大事な人から二重に打撃を受けることになります。

失敗した人には、その心情を察して、「そっとしておいてあげる」のが最大の配慮でしょう。

そうしてから、相手がこちらの発言を求めているならば、「残念だったね」と言うこともできますし、それまでの努力や取り組みの姿勢を認めてもいいでしょう。

また、相手が再チャレンジのためのアドバイスを求めているとしたら、「今度同じことに取り組むとしたら、どういう点に気をつけたらいいと思う?」と、問いかけることも可能です。

こんな態度にも人は敏感に反応する

いよいよこの本も終わりに近づいてきました。これから私がお届けするあなたへのメッセージは、**「勇気づける人になるための３つのステップ」**と、勇気づけのテクニックではなく**「勇気づけに必要な態度」**です。

なぜ、勇気づけのテクニックでなく「態度」をお伝えしたいかというと、テクニックを学んだとしても、それはメッキのようなもので、時間の経過とともにはがれてしまいます。

また、あなたが勇気づけたいと思った相手も、テクニックにすぎないことを見抜いてしまいます。

表面を取りつくろうことでなく、本体をしっかりしなければ、長期的な効果を望めないのです。

本体をしっかりするためには、「勇気づける人になるための3つのステップ」を踏まえなければなりません。

「勇気づける人になるための3つのステップ」とは、次の通りです。

① 自分自身を勇気づける
② 勇気くじきをやめる
③ 勇気づけを始める

①の「自分自身を勇気づける」ことに関しては、この本の主に3章でお話ししました。

「勇気とは、困難を克服する活力」ですから、自分に活力がない人は、他者に活力を与えられるはずがないのです。

②の「勇気くじきをやめる」というのは、文字通りで、勇気づけをしようと努力しても、時々勇気くじきが入ると、相手はどちらが本心かわからなくなります。相手が勇気くじきを受けながら育った人ならば、勇気くじきに対する感受性が強い傾向がありますから、せっかく勇気づけを受けたとしても、それを本心から生じたものとは受けとめません。

③の「勇気づけを始める」というのは、勇気づけの実践としてご紹介した「感謝を表明すること」「〝ヨイ出し〟をすること」「聴き上手に徹すること」「相手の進歩・成長を認めること」「失敗を許容すること」（176ページ参照）を総花的でなく、重点を定めて展開することです。

勇気づけに必要な態度は、「尊敬」「信頼」「共感」です。

＊〝個性〟を認め合う――「尊敬」の態度

「尊敬」について私は、
「年齢・性別・職業・趣味など人それぞれ違いがあるが、人間の尊厳に関しては違いがないことを受け入れ、礼節をもって接する態度」
と定義しています。

現代、不幸な親子関係、夫婦関係が報道されていますが、それらの根底にあるのは、尊敬の不足です。

たとえば、子どもへの尊敬の念がしっかりあるならば、一時的に怒りの感情が走ることがあるとしても、虐待をするのは不可能です。

配偶者に対する尊敬の気持ちがあるならば、嫉妬したとしても、暴力に向かうことはなく、疑念を持ったことをもとに話し合いの機会を持つはずです。

＊それでもこの人にイエスと言う――「信頼」の態度

信頼とは、相手の属性や一時的な行動にもかかわらず信じ続けることです。行動面で問題だと感じることがあるとしても、人格面に関して根拠なしに無条件に信じる態度です。「それでもこの人にイエスと言う」ことです。

このことは、読んでみると簡単に思われるかもしれませんが、いざ信じ続けよう、実践しよう、とすると、難しいところがあります。

身近な誰も彼もが勇気づけ合う関係ではありませんが、家族や恋人・親友などの心理的に距離感の近い対人関係においては、尊敬に加えて、忍耐を伴う信頼が求められます。信頼していても裏切られることがあるかもしれません。

それでもなお粘り強く信頼し続ける人には、強い絆で結びつくことが可能になります。時には時間がかかるかもしれませんが。

＊相手の目、耳、心になって感じる――「共感」の態度

尊敬と信頼には、「相互」が結びついて「相互尊敬」「相互信頼」として伝えられることが多くあります。

「相互」というのは、「お互いに」の意味があるのは当然ですが、私は、「相互」になるためには、必要性を感じたこちら側が「より先に」「より多く」という意味を込めています。

あなたが大切な誰かを尊敬、信頼するとしたら、あなたから先に、あなたがより多く尊敬、信頼することで相手の人とは、しっかりした絆を築けるのです。

尊敬、信頼に続いて忘れてはならない、勇気づけに必要な態度は「共感」です。「共感」は、相手の関心に配慮すること。

アドラーによれば、「相手の目で見て、相手の耳で聴き、相手の心で感じること」です。

大事な話を聴く場合にも共感、相手との人間関係の構築・維持にも共感を持ってすれば、相手を確実に勇気づけることができます。

「相手の目で見て、相手の耳で聴き、相手の心で感じること」を心がけるのです。

人を勇気づけできる人は、勇気づけたその相手からも勇気づけられます。

そうできるならば、あなたも、あなたの周囲の人も、本書の狙いである次の特質が備わります。

「人も自分もＨａｐｐｙにできる」のです。

さあ、あなたから始めましょう。

（了）

本書は、明日香出版社から刊行された『ものの言い方ひとつで自分も周りも幸せになる大人の心理術』を、文庫収録にあたり加筆・改筆・再編集のうえ、改題したものです。

アドラー流《りゅう》　人《ひと》をHappyにする話《はな》し方《かた》

著者　岩井俊憲（いわい・としのり）
発行者　押鐘太陽
発行所　株式会社三笠書房
〒102-0072 東京都千代田区飯田橋3-3-1
電話　03-5226-5734（営業部）03-5226-5731（編集部）
http://www.mikasashobo.co.jp
印刷　誠宏印刷
製本　ナショナル製本

 ISBN978-4-8379-6758-3 C0130

王様文庫

王様文庫

9日間〝プラスのこと〟だけ考えると、人生が変わる

ウエイン・W・ダイアー【著】
山川　紘矢【訳】
山川亜希子【訳】

「心の師（スピリチュアル・マスター）」ダイアー博士の、大ベストセラー！　必要なのは、たった「9日間」――この本にしたがって、「プラスのこと」を考えていけば、9日後には、「心の大そうじ」が完了し、驚くほど軽やかな人生が待っています。

あなたの運はもっとよくなる！

浅見帆帆子

すごい！　次々と…いいことが起こる！　「運がよくなる36のコツ」を公開！「私がひとつずつ試してきて、効果があったことだけ書きました。ぜひ、試してみてください（浅見帆帆子）」。スペシャル付録「運がよくなる！」シールつき!!

心屋仁之助のなんか知らんけど人生がうまくいく話

心屋仁之助

あなたも、「がんばる教」から「なんか知らんけど教」に宗旨がえしませんか？　○「愛されていない劇場」に出るのはやめよう　○どんな言葉も「ひとまず受け取る」　○お金は「出す」と入ってくる……読むほどに、人生が〝パッカーン〟と開けていく本！

K30336